Helmut Zöpfl/Petra Moll
Die schönsten Kindergedichte

Die schönsten Kindergedichte

Herausgegeben von Helmut Zöpfl
Mit Bildern von Petra Moll

Unter Mitarbeit von Albert Bichler

Verlag W. Ludwig

ISBN 3-7787-2030-9
© 1979 Verlag W. Ludwig, Pfaffenhofen
Satz und Druck: Ilmgaudruckerei Pfaffenhofen
Printed in Germany
Nachdruck, auch auszugsweise, nur mit Genehmigung des Verlages

Umschlaggestaltung und Layout: Michael Hagemann, Bonn

Die Zeit

Zeit heilt

Zwei Grundrezepte kennt die Welt:
Zeit heilt und, zweitens, Zeit ist Geld.
Mit Zeit, zuvor in Geld verwandelt,
Ward mancher Fall schon gut behandelt.
Doch ist auch der nicht übel dran,
Der Geld in Zeit verwandeln kann
Und, nicht von Wirtschaftsnot bewegt,
Die Krankheit – und sich selber – pflegt.
Doch bringts dem Leiden höchste Huld,
Verwandelst Zeit du in Geduld!

Eugen Roth

Im gleichen Moment

Jetzt, wo du lachst,
mag ein Eskimo weinen.
Siehst du ihn nicht, diesen Kleinen?
Wie er dasteht im Schnee?
Irgendwas tut ihm weh.

Und wenn du weinst,
mag ein Eskimo lachen.
Tja, sagst du, kann man nichts machen!
Ich bin hier, der ist da.
Komisch ist das – na ja!

Einmal vielleicht
weint ihr beide gemeinsam.
Jeder für sich, jeder einsam.
Weint im gleichen Moment.
Dumm, daß ihr euch nicht kennt!

Gina Ruck-Pauquèt

In dieser Minute

In der Minute, die jetzt ist –
und die du gleich nachher vergißt –,
geht ein Kamel auf allen vieren
im gelben Wüstensand spazieren,
und auf den Nordpol fällt jetzt Schnee,
und tief im Titicacasee
schwimmt eine lustige Forelle.
Und eine hurtige Gazelle
springt in Ägypten durch den Sand.
Und weiter weg im Abendland
schluckt jetzt ein Knabe Lebertran.
Und auf dem großen Ozean
fährt wohl ein Dampfer durch den Sturm.
In China kriecht ein Regenwurm
zu dieser Zeit zwei Zentimeter.
In Prag hat jemand Ziegenpeter,
und in Amerika ist wer,
der trinkt grad seine Tasse leer,
und hoch im Norden irgendwo,
da hustet jetzt ein Eskimo,
und in Australien – huhu –
springt aus dem Busch ein Känguruh.
In Frankreich aber wächst ein Baum
ein kleines Stück, man sieht es kaum,
und in der großen Mongolei
schleckt eine Katze Hirsebrei.
Und hier bei uns, da bist nun du
und zappelst nun selbst immerzu,
und wenn du das nicht tätest, wär
die Welt jetzt stiller als bisher!

Eva Rechlin

Was ist die Zeit

Was ist die Zeit?
Sie ist ein Teil der Ewigkeit.
Gebraucht sie gut
mit frohem Mut
dem lieben Gott zu Ehren!

Was ist die Zeit?
Sie ist so Leid wie Freudigkeit!
Doch nichts besteht
und alles geht –
das möget ihr beachten.

Was ist die Zeit?
Ein Bild von der Vergänglichkeit.
Drum sammelt Schätze solcher Art,
die ihr der Ewigkeit bewahrt,
von andren müßt ihr scheiden.

Franz Graf von Pocci (1807–1876)

Die Frage

Wer weiß, wo das Gestern wohnt,
die Zeit, die niemals wiederkommt?
Wer sagt mir, wohin das, was ist,
verläuft, verrinnt, verfließt?
Wer weiß, wohin die Zeit uns treibt,
und warum nichts für immer bleibt?
Wer sagt mir, wo mein Weg hingeht
und wo mein Ziel einmal steht?
Wer weiß, warum stets etwas wird,
wenn es doch einmal wieder stirbt?
Gibt's wirklich in dem Leben drin,
Weg, Zukunft und Sinn?
Ich bin voller Fragen:
wieso und warum?
Doch keiner gibt Auskunft,
ein jeder bleibt stumm.
Keiner gibt Antwort
woher und wohin.
Wer zeigt mir den Weg
und den Sinn?

Helmut Zöpfl

Das große Wunder

Wie groß ist das Wunder, daß etwas lebt,
etwas ist,
daß Blut durch unsre Adern fließt,
daß wir uns bewegen, atmen und gehn,
daß wir fühlen, erkennen, hören und sehn.
Daß Leben um uns ist, wohin wir auch schaun:
die Blumen und Gräser, der Strauch und der
Baum,
der Vogel im Flug, die Tiere im Feld,
die Fische im Wasser, erfüllt ist die Welt
von Vielfalt des Lebens, groß oder klein.
Wie groß ist das Wunder von Werden und Sein.
Dein Wille war es, daß Leben wird,
daß die Welt in sich deinen Atem spürt,
daß Leben entsteht, wächst und gedeiht,
daß Leben pulst im Wandel der Zeit.

Und dieses Leben ist voller Macht,
es wirkt und webt bei Tag und bei Nacht.
Leben ist Gnade, Geschenk von dir.
Oh laß uns danken, danken dafür,
daß du uns gerufen in die Helle des Lichts,
hinein ins Dasein, heraus aus dem Nichts!
Laß uns sehen die Gnade von Leben und Sein,
die zuteil uns geworden durch dich ganz allein.

Helmut Zöpfl

Ein Schnurps grübelt

Also, es war einmal eine Zeit,
da war ich noch gar nicht da. –
Da gab es schon Kinder, Häuser und Leut'
und auch Papa und Mama,
jeden für sich –
bloß ohne mich!

Ich kann mir's nicht denken. Das war gar nicht so.
Wo war ich denn, eh es mich gab?
Ich glaub, ich war einfach anderswo,
nur, daß ich's vergessen hab',
weil die Erinnerung daran verschwimmt –
Ja, so war's bestimmt!

Und einmal, das sagte der Vater heut,
ist jeder Mensch nicht mehr hier.
Alles gibt's noch: Kinder, Häuser und Leut',
auch die Sachen und Kleider von mir.
Das bleibt dann für sich –
bloß ohne mich.

Aber ist man dann weg? Ist man einfach fort?
Nein, man geht nur woanders hin.
Ich glaube, ich bin dann halt wieder dort,
wo ich vorher gewesen bin.
Das fällt mir dann bestimmt wieder ein.
Ja, so wird es sein!

Michael Ende

Vom Net-Derwarten-Könna

Der Huaber Klaus liegt wach in seim Bett
jetzt fast scho a Stund und ko schlafa halt net,
so aufgregt is heut scho der Bua.
Morgen hat er Geburtstag, morgn in der Fruah,
wo eahm der Vater versprocha doch hat,
daß er morgn was ganz was Bsonders kriagn
                                        daad.
„Ja wenn's no scho morgn waar!" denkt er se no,
da hat se was grüahrt in seim Zimmer drin wo!
Er reibt se de Augn: Ja gibts denn des aa,
da steht an seim Bettrand a Zwergerl glatt da.
„Du möchst", hat des gmoant, „daß d'Zeit
                                schnell vergeht,
i schenk dir an Ring, und wenn ma den dreht,
geht Zeit, bist schaugst, im Flug dir vorbei,
und du bist schnell dort, wost dir wünscht aa
                                scho glei!"
Des sell hat er gsagt und scho war er weg.
Der Klaus schaugt a Zeitlang no hi auf den Fleck.
Aber gibt's des, da drübn genau an dem Ort,
wo des Zwergerl is gstandn, liegt a Ringerl
                                jetzt dort.
Der Klaus steckt's o und draht a weng rum.
„I wollt", sagt dabei er, „de Zeit waar scho um!"
Und scho is Geburtstag, da steht aa sei Rad,
des wo er se doch so narrisch gwünscht oiwei hat.
Doch er muaß ja in d'Schui und mitm Radln is
                                nix.
„Waar nur d'Schui scho vorbei . . .!"
Doch er woaß ja an Tricks.
Er draht an seim Ringerl, und bis er se bsinnt,
is sei Schuizeit vorbei und sei Lehrzeit beginnt.
Da muaß er se plagn von fruah bis ganz spaat,
und drum hat er aa glei an seim Ring wieder
                                draht,
er wünscht se ganz fest, daß sei Lehr waar vorbei,
und wiaras scho gwohnt is, is er fertig aa glei.
Und wieder wünscht er, daß d'Zeit schnell ver-
                                rinnt
bis hi zu der Hochzeit, bis hi zu am Kind.
Er wünscht se und draht, und d'Zeit de verfliagt,
und bis er recht schaugt, hat er graue Haar kriagt,
is alt worn und müad und am End aa fast scho.
Da merkt er dann endli, wiara 's Lebn hat verdo,

was as Freun und as Wartn auf a bsondere Zeit,
was as „Vor" und „Dazwischen" fürs Lebn
              bedeut'.
Ohne des is as Lebn vorbei wiara Blitz
is a winziges Bisserl, mehra wia nix.
Und er draht an seim Ring und wünscht se
                 dabei,
daß' nomal aso wia damals daad sei.
„Wia gern daad i wartn", so hat er se gschworn,
„hätt i nur mei Zeit net so einfach verlorn!"

Und er schlagt seine Augn auf und liegt in seim
                 Bett,
schaugt hi auf sei Hand, hat koan Ring mehr dort
                 net.
Und d'Sonna hat reigschaut und der Klaus hat se
                 gfreut,
daß er d'Zeit net verlorn hat, daß eahm bliebn is
                 sei Zeit.

Helmut Zöpfl

Zeit-Wörter

Ich bin,
du bist,
wir sind –
so lernt es jedes Kind.

Ich war,
du warst,
wir waren –
auch das ist bald erfahren.

Und was dazwischen
so geschwind
von Tag zu Nacht
vorüberrinnt –
das ist,
das wird gewesen sein:
dein Wirbelwind
von Jahren,
der eben erst
beginnt.

                        Max Kruse

Umgekehrter Lebenslauf

Er war nicht mehr da.

Er starb mit 70 Jahren.

Mit 69 war er nicht mehr gut zu Fuß,
und er vergaß viele Dinge.

Mit 66 ging er für seine Frau einkaufen
und machte lange Spaziergänge.

Mit 65 ließ er sich pensionieren.

Sein 60. Geburtstag wurde groß gefeiert.
Die Kinder und drei Enkel kamen.

In seinem 52. Lebensjahr wurde sein erstes
Enkelkind geboren,
ein Junge.

Mit 48 wurde er befördert und bekam eine
Sekretärin.
Er arbeitete mehr.

Mit 42 erlebten er und seine Frau,
wie die Kinder das Haus verließen und nachein-
ander heirateten.

Mit 38 klagte er oft über den Lärm zu Hause.
Die Kinder brachten ständig Freunde mit.
Er machte Überstunden.
Ferien in Italien.

Mit 35 trat er in eine neue Firma ein
und bekam mehr Gehalt.

Mit 30 kauften seine Frau und er eine Eigen-
tumswohnung.
Sie lebten jetzt in einer Kleinstadt.

Mit 25 hörte er auf, Russisch zu lernen.

Als er 23 war, wurde seine Tochter geboren,
ein Jahr früher sein Sohn.

Mit 20 heiratete er.

Mit 18 lernte er ein Mädchen kennen
und verliebte sich in sie.

Mit 17 war seine Ausbildung beendet.

Mit 14$\frac{1}{2}$ begann er
eine Lehre als Maschinenschlosser.

Mit 10 schaffte er die Aufnahmeprüfung
in die Realschule nicht.

Er wurde geboren.

Er war noch nicht da.

Irmela Brender

Es fällt die Zeit

Von irgendwo und ganz ganz weit
fällt aus der großen Ewigkeit
die Zeit: Jahr, Tag, Moment.
Sie fallen, fallen ohne End'
und irgendwo sitzt irgendwer,
der teilt die Zeit und schenkt sie her:
ein wenig Schmerz, ein wenig Freud,
ein bißchen Glück, ein bißchen Leid.
Und alles bleibt nur kurze Zeit,
es fällt, vergeht wie ohne Sinn
ins Irgendwo für immer hin.
Es fällt der Tag, es fällt die Stund'
in einen tiefen, tiefen Grund,
den Abgrund der Vergangenheit.
Und wir, wir wissen nicht Bescheid,
wir wissen nicht, wieso, warum,
wir merken nur, die Zeit ist um
und hoffen, daß ER einmal dann,
von dem die Zeit kam, irgendwann
am Ende unsrer Lebenszeit
uns auffängt in die Ewigkeit.

Helmut Zöpfl

D' Zeit

Wer woaß, woher de Zeit herkommt,
obs auf am Stern wo droma wohnt,
obs kommt vom Himme aus der Höh
und fallt so staad als wia der Schnee?
Obs wiara Apfe wachst am Baum,
obs aus der Nacht kommt wiara Traum?
Kriagn ma se gschenkt von irgendwem
und muaß ma sie dann zruck mal gebn?
Wer woaß, wohins dann wieder geht,
weil sie doch niamals ruaht und steht
und weil halt alls vergehen muß.
Fliaßts in a Meer nei wiara Fluß
oder a Bacherl nei in See,
zerlaufts wia auf der Hand der Schnee?
Verwahts im Wind so wiara Rauch
oder verfliagts als wiara Hauch?
Gehts mit uns in de Erdn dann,
wenn mir mal sterbn irgendwann?
Mia wißn bloß, d' Zeit is a Feil,
de feilt an allem alleweil.
Sie feilt und feilt, feilt alle Zeit,
bis in der großn Ewigkeit
aufganga is, was is und war,
am End sie selber dann sogar.

Helmut Zöpfl

Lustige Leute, lustige Sachen

Kunterbunt

Ich will euch was erzählen,
  gebt acht, so fängt es an:

Es war einmal ein schwarzer
  kurzer runder bunter Mann,

der hatte schwarze kurze runde
  bunte Hosen an.

Er war umgürtet mit einem schwarzen
  kurzen runden bunten Schwert

und saß auf einem schwarzen
  kurzen runden bunten Pferd.

Er ritt durch die schwarzen
  kurzen runden bunten Straßen,

wo die schwarzen kurzen runden
  bunten Kinder saßen.

O ihr schwarzen kurzen runden
  bunten Kinder, geht hinweg,

daß euch mein schwarzes kurzes rundes
  buntes Pferd nicht schlägt!

Nicht wahr, wie von dem schwarzen
  kurzen runden bunten Mann

ich euch so schwarz und kurz
  und rund und bunt erzählen kann?

Unbekannter Verfasser

Sternbuider

,,Du Papa, darf i was fragn?"
,,Natürlich. Was soll i dir sagn?"
,,Kennst du de Sternbuider aa?"
,,Natürli kenn i de, ja."
,,Gell, Papa, dann woaßt aa ganz gewiß,
ob des der große Wagn da drobn is?"
,,Mei, Bua, was san des für komische Fragn
Des konn ma doch aus der Entfernung net sagn."

Helmut Zöpfl

Der verdrehte Schmetterling

Ein Metterschling
mit flauen Bügeln
log durch die Fuft.
Er wurde einem Computer entnommen,
dem war was durcheinander gekommen:
Irgendein Rädchen,
irgendein Drähtchen,
und als man es merkte,
da war's schon zu spätchen.
Da war der Metterschling schon feit wort . . .
wanz geit . . .
Mir lut er teid.

Mira Lobe

Elfenbein

Ganz aufgregt hat im Tandlerladn
a Dame se beschwert.
„Schaugns her", hats zum Besitzer gsagt,
„des find i unerhört,
Sie habn mir gsagt, daß de Figur
aus Elfenbein echt waar,
doch leider stimmt da nix davo
wiari jetzt grad erfahr.
Da schaugn ses eahna selber o

de teuere Figur:
Bloß nachgmacht is' aus Kunststoff grad,
aus ‚echtem' Plastik nur."
„Ja, was", hat da der Tandler gmoant,
„ja des versteh i net,
weil alles, was i da verkauf,
sonst sehr reell zuageht.
I kann mas bloß aso erklärn,
des müaßt ma mal derfragn,
daß gar vielleicht der Elefant
hat Zahnprothesen tragn."

Helmut Zöpfl

Das schlechte Zeugnis

Im Juli gehn ma in d'Vakanz,
drauf gfreun si d'Schuibuam wia net gscheit!
Nur ham de Lehrer blöde Tanz –
de schreibn a Zeugnis in der Zeit.

Balst ebba moanst, jetzt hast dei Ruah,
na muaßt dahoam den Wisch vorlegn –
und hast drei Vierer no dazua,
tuat di da Vater überlegn.

De ganz Vakanz macht dir koan Spaß,
der Vater protzt mit seim Verstand:
I war der Beste in der Klass,
dei Zeugnis, Bua, des is a Schand!

Doch desmal is da Maxl schlau –
er halt' an Vater 's Zeugnis hin:
Ja Himmiherrschaft, Drahtverhau!
Da san ja gar zwoa Fünfer drin!

Da kon i wirkli nix dafür –
grinst drauf der Bua ganz kurz obundn,
des Zeugnis, Vater, is von dir –
i habs in deiner Schublad gfundn!

Oskar Weber

Abglegn is . . .

Der Lecherbauer, z'Egmating
hat neulich glatt an Hauptgewinn
bei ara Fernsehlotterie
derwischt: A Reis nach London hi.
A solches Glück, so hat er glacht
und se dann glei auf d'Sockn gmacht.
10 Kilometer geht er z'Fuß
zur Station vom Omnibus.
Von da fahrt er nach Weichslbruck
zum Bahnhof und von da mit'm Zug
weiter nach Obereschenbrunn
und da, da steigt er wieder um,

kimmt dann nach Eigling ziemlich spät,
von wo der Zug nach München geht.
Fahrt dann nach ara Stund a drei
im Hauptbahnhof in München ei,
steigt ei ins Taxi naus nach Riem
und fliagt schnurstracks nach London hin.
Nach zehn Tag kimmt der guate Mo
in Egmating dann wieder o.
Natürli hams'n gfragt a glei,
wia des so is halt allerwei:
„Wia war'sn?", war de erste Frag,
„wia wars in London, Lechner, sag?"
„Es war ganz schee" moant der, „ganz gwiß,
bloß leider: furchtbar abglegn is!"

Helmut Zöpfl

Es war einmal ein Mann

Es war einmal ein Mann,
der hatte einen Schwamm.

Der Schwamm war ihm zu naß,
da ging er auf die Gass'.

Die Gass' war ihm zu kalt,
da ging er in den Wald.

Der Wald war ihm zu grün,
da ging er nach Berlin.

Berlin war ihm zu voll,
da ging er nach Tirol.

Tirol war ihm zu klein,
da ging er wieder heim.

Daheim wars ihm zu nett,
da legt er sich ins Bett.

Im Bett war eine Maus,
und die Geschicht' ist aus.

Verfasser unbekannt

Das verhexte Telefon

Neulich waren bei Pauline
Sieben Kinder beim Kaffee.
Und der Mutter taten schließlich
Von dem Krach die Ohren weh.

Deshalb sagte sie: „Ich gehe.
Aber treibt es nicht zu toll.
Denn der Doktor hat verordnet,
Daß ich mich nicht ärgern soll."

Doch kaum war sie aus dem Hause,
Schrie die rote Grete schon:
„Kennt ihr meine neueste Mode?
Kommt mal mit ans Telefon."

Und sie rannten wie die Wilden
An den Schreibtisch des Papas.
Grete nahm das Telefonbuch,
Blätterte darin und las.

Dann hob sie den Hörer runter,
Gab die Nummer an und sprach:
„Ist dort der Herr Bürgermeister?
Ja? Das freut mich. Guten Tag!

Hier ist Störungsstelle Westen.
Ihre Leitung scheint gestört.
Und da wäre es am besten,
Wenn man Sie mal sprechen hört.

Klingt ganz gut . . . Vor allen Dingen
Bittet unsere Stelle Sie,
Prüfungshalber was zu singen.
Irgendeine Melodie."

Und die Grete hielt den Hörer
Allen sieben an das Ohr.
Denn der brave Bürgermeister
Sang: „Am Brunnen vor dem Tor."

Weil sie schrecklich lachen mußten,
Hängten sie den Hörer ein.
Dann trat Grete in Verbindung
Mit Finanzminister Stein.

„Exzellenz, hier Störungsstelle.
Sagen Sie doch einmal „Schrank".
Etwas lauter, Herr Minister!
Tschuldigung und besten Dank."

Wieder mußten alle lachen.
Hertha schrie: „Hurra!", und dann
Riefen sie von neuem lauter
Sehr berühmte Männer an.

Von der Stadtbank der Direktor
Sang zwei Strophen „Hänschen klein",
Und der Intendant der Oper
Knödelte die „Wacht am Rhein".

Ach, sogar den Klassenlehrer
Rief man an. Doch sagte der:
„Was für Unsinn? Störungsstelle –
Grete, Grete! Morgen mehr."

Das fuhr allen in die Glieder
Was geschah am Tage drauf?
Grete rief: „Wir tuns nicht wieder."
Doch er sagte: „Setzt euch nieder.
Was habt ihr im Rechnen auf?"

Erich Kästner

Im Lande Verkehrt

Im Januar fällt dort warmer Regen,
zwei Meter Schnee gibt's im Juli dagegen,
im August sind alle Fenster gefroren.
Die Brillen setzt man hinter die Ohren.
Am größten sind dort die kleinen Zehen.
Briefträger sieht man auf Händen gehen.
Als erste werden die Faulenzer wach,
die Autos fliegen von Dach zu Dach.
Die Feuerwehr läßt Fernsehantennen
mit Schornsteinen um die Wette rennen.
Auf jedem Platz steht ein Verkehrtpolizist,
der sagt dir, wo's noch verkehrter ist.

H. Baumann

Der Lattenzaun

Es war einmal ein Lattenzaun,
mit Zwischenraum, hindurchzuschaun.

Ein Architekt, der dieses sah,
stand eines Abends plötzlich da –

und nahm den Zwischenraum heraus
und baute draus ein großes Haus.

Der Zaun indessen stand ganz dumm,
mit Latten ohne was herum.

Ein Anblick gräßlich und gemein.
Drum zog ihn der Senat auch ein.

Der Architekt jedoch entfloh
nach Afri – od – Ameriko.

Christian Morgenstern

Vom Riesen Timpetu

Still! Ich weiß was. Hört mal zu:
War einst ein Riese Timpetu.
Der arme Bursche hat – o Graus! –
im Schlafe nachts verschluckt 'ne Maus.
Er lief zum Doktor Pfiffikus.
„Ach, Doktor, denkt nur, welch' Verdruß!
Ich hab' im Schlaf 'ne Maus verschluckt,
die sitzt im Leib und kneipt und druckt."
Der Doktor war ein kluger Mann,
man sah's ihm an der Brille an.
Er hat ihm in den Hals geguckt:
„Wie, was? 'ne Maus habt Ihr verschluckt?
Verschluckt 'ne Miezekatz dazu,
so läßt die Maus Euch gleich in Ruh'!"

Alwin Freudenberg

Der neue Automat

A Ingenieur hat
entwickelt jetzt grad
an Mordsapparat
der opflanzt und saat,
dungt, wassert und maht,
aus dem Vollkonzentrat
dann Brotknödl draht,
de der Pfundsautomat
dann serviert delikat.
. . . Bloß daß er halt grad
des was er gmacht hat
am End rabiat
selber zsammfrißt, is schad.

Helmut Zöpfl

Im Lande der Zwerge

So geht es im Lande der Zwerge:
Ameisenhaufen sind da Berge,
das Sandkorn ist ein Felsenstück,
der Seidenfaden ist ein Strick,
die Nadel ist da eine Stange,
ein Würmlein ist da eine Schlange,
als Elefant gilt da die Maus,
der Fingerhut ist da ein Haus,
die Fenster sind wie Nadelöhre,
ein Glas voll Wasser wird zum Meere,
der dickste Mann ist dünn wie Haar,
der Augenblick ist da ein Jahr.

Volksgut

Fauler Zauber

Der Zauberkünstler Mamelock
hebt seinen goldnen Zauberstock.
„Ich brauche", spricht er dumpf, „zwei Knaben,
die ziemlich viel Courage haben."

Da steigen aus dem Publikum
schnell Fritz und Franz aufs Podium.
Er hüllt sie in ein schwarzes Tuch
und liest aus seinem Zauberbuch.
Er schwingt den Stock ein paar Sekunden.
Er hebt das Tuch – sie sind verschwunden!

Des Publikums Verblüffung wächst.
Wo hat er sie nur hingehext?
Sie sind nicht fort, wie mancher denkt.
Er hat die beiden bloß – versenkt!

Fritz sagt zu Franz: „Siehst du die Leiter?"
Sie klettern abwärts und gehn weiter.
Der Zauberkünstler läßt sich Zeit,
nimmt dann sein Tuch und wirft es breit.
Er schwingt sein Zepter auf und nieder –
doch kommen Fritz und Franz nicht wieder!
Der Zaubrer fällt vor Schrecken um.
Ganz ähnlich geht's dem Publikum.

Nur Fritz und Franz sind voller Freude.
Sie schleichen sich aus dem Gebäude.
Und Mamelock sucht sie noch heute.

Erich Kästner

Im Lande der Riesen

So geht es im Lande der Riesen:
Da nähen die Schneider mit Spießen.
Da stricken die Mädchen mit Stangen.
Da füttert man Vögel mit Schlangen.
Da malen mit Besen die Maler
Da macht man wie Kuchen die Taler.
Da schießt man die Mücken mit Pfeilen.
Da webt man die Leinwand aus Seilen.

Volksgut

Glumpbahnhof

Lang hab i gspart
und s Gerstl zsammgscharrt.
Dann aba bin i
mit mein Hulahupreifn
zum Bahnhof Mittasendling
ganga und hab zum Schoitabeamtn
gsagt: oamoi Hawaii.
Is scho recht, sagt er, glei!

Aba nach a Viertlstund:
Hawaii hamma nimma,
bloß no Gmund,
Tegernsee, Boarischzell
und no oamoi Miasbach.
Miasbach statt Hawaii!
Des Mittasendling werd woi
da größte Glumpbahnhof sei!

Herbert Schneider

Am siebzehnten Oktebruar

Am siebzehnten Oktebruar
Geschehn die tollsten Sachen.
Man kann an diesem Tag im Jahr
Fast alles möglich machen!

Man schmaust als Feiertagsgericht
Die leckren Hundeeier,
Auf Eis gekocht bei Mondenlicht
Und abgekühlt im Feuer.

Auch kauft man sich an diesem Tag
Die Kleider nur in Flaschen.
Und wer ein Kleid nicht leiden mag,
Der trägt halt nur die Taschen!

Am siebzehnten Oktebruar,
Wenn uns die Katzen grüßen,
Trägt man Sandalen auf dem Haar
Und Hüte an den Füßen.

Dann wärmt der Mond, die Sonne schneit.
Ein Stern fängt an zu regnen.
Und oft kann man zur Mittagszeit
Dem Sandmann schon begegnen.

Auf Dächern treiben Schlittschuhsport
Die Alten und die Kinder.
Und jede Stadt und jeder Ort
Steht kopf – mehr oder minder!

Den siebzehnten Oktebruar,
Den feiern alle Länder!
Nur eines stört! Und das ist klar:
Er steht nicht im Kalender!

James Krüss

A Loch

Der Förstner hat sechs Buben g'habt,
sechs Reißz'samm, lustige Tröpfel.
Der kloanste is g'fall'n auf der roten Wand
und schlagt si' a Loch ins Köpfel.

Der Alt' steht grad am Gartenzaun
und putzt mi'n Knicka die Rosen.
No, is do' besser a Loch im Kopf
als wie a Loch in der Hosen.

So hat der Förstner, der Alte, g'sagt
und putzt die Rosen mi'n Knicka;
der Kopf, der heilt scho' von selber zua,
aber d' Hosen, die müßt' ma flicka!

Karl Stieler

Der Bubi

Beim Himmelreich im dritten Stock
läuts an am Samstag Sturm.
A Herr steht drauß mit rotem Kopf:
,,I kimm zwengs Eahnam Buam.
Wiri grad auf der Straßn drauß
mit am Bekanntn red,
schaugt Eahna Bambs zum Fenster naus
und hat recht abebleckt.
S'Derbleckn bloß'', fahrt fort der Herr,
,,des hätt i ja no gschluckt,
doch hat der Bangert der
auf mi no abegspuckt.''
,,Der Bubi?'' moant die Muatter, ,,was?
Ja, des versteh i kaum.
Bestimmt hat er's bloß gmacht zum Spaß,
sonst kaant i's gar net glaubn.
Und hat er Sie derwischt dann aa
beim Abispeibn, der Bua?''
,,Naa'', moant der, ,,Gott sei Dank net, naa,
um Gottswuin, mir waar's gnua!''
,,Ja, wenn des wirklich is der Fall'',
sagts zu ihrm Buam danebn,
,,dann muaß i doch mit dir nomal
a ernstes Wörterl redn:
Du hörst's ja selber, Bubile,
der Herr, der hat ganz recht:
mia müaßn bald zum Augnarzt geh,
du siegst a bisserl schlecht!''

Helmut Zöpfl

Das Riesenspielzeug

Burg Niedeck ist im Elsaß der Sage wohlbekannt,
Die Höhe, wo vorzeiten die Burg der Riesen
stand;
Sie selbst ist nun verfallen, die Stätte wüst und
leer;
Du fragest nach den Riesen, du findest sie nicht
mehr.

Einst kam das Riesenfräulein aus jener Burg her-
vor,
Erging sich sonder Wartung und spielend vor
dem Tor
Und stieg hinab den Abhang bis in das Tal hinein,
Neugierig zu erkunden, wie's unten möchte sein.

Mit wen'gen raschen Schritten durchkreuzte sie
den Wald,
Erreichte gegen Haslach das Land der Menschen
bald,
Und Städte dort und Dörfer und das bestellte
Feld
Erschienen ihren Augen gar eine fremde Welt.

Wie jetzt zu ihren Füßen sie spähend nieder-
schaut,
Bemerkt sie einen Bauer, der seinen Acker baut;
Es kriecht das kleine Wesen einher so sonderbar,
Es glitzert in der Sonne der Pflug so blank und
klar.

„Ei! Artig Spielding!" ruft sie, „das nehm ich
mit nach Haus."
Sie knieet nieder, spreitet behend ihr Tüchlein
aus
Und feget mit den Händen, was da sich alles regt,
Zu Haufen in ein Tüchlein, das sie zusam-
menschlägt;

Und eilt mit freud'gen Sprüngen – man weiß, wie
Kinder sind –
Zur Burg hinan und suchet den Vater auf ge-
schwind:

„Ei Vater, lieber Vater, ein Spielding wunder-
schön!
So allerliebstes sah ich noch nie auf unsern
Höhn."

Der Alte saß am Tische und trank den kühlen
Wein,
Er schaut sie an behaglich, er fragt das Töchter-
lein:
„Was Zappeliges bringst du in deinem Tuch her-
bei?
Du hüpfest ja vor Freuden; laß sehen, was es sei!"

Sie spreitet aus das Tüchlein und fängt behutsam
an,
Den Bauer aufzustellen, den Pflug und das Ge-
spann;
Wie alles auf dem Tische sie zierlich aufgebaut,
So klatscht sie in die Hände und springt und ju-
belt laut.

Der Alte wird gar ernsthaft und wiegt sein Haupt
und spricht:
„Was hast du angerichtet? Das ist kein Spielzeug
nicht!
Wo du es hergenommen, da trag es wieder hin!
Der Bauer ist kein Spielzeug, was kommt dir in
den Sinn!

Sollst gleich und ohne Murren erfüllen mein Ge-
bot;
Denn wäre nicht der Bauer, so hättest du kein
Brot;
Es sprießt der Stamm der Riesen aus Bauernmark
hervor;
Der Bauer ist kein Spielzeug, da sei uns Gott da-
vor!"

Burg Niedeck ist im Elsaß der Sage wohlbekannt,
Die Höhe, wo vorzeiten die Burg der Riesen
stand;
Sie selbst ist nun verfallen, die Stätte wüst und
leer;
Und fragst du nach den Riesen, du findest sie
nicht mehr.

Adelbert von Chamisso

21

Das Billett

„I hätt gern", hat der Huaber gsagt,
„nach Neustadt a Billett.
Und sagns", hat er am Schalter gfragt,
„wo da der Zug weggeht."
„Ja, Neustadt", moant der Schaltermo,
„da gibt's in Deutschland mehr,
da müaßns ma genauer scho
in welchs daß s' wolln, erklärn."
„Ja so was", hat der Huaber gsagt,
„des ist ja wirkli bläd,
da hab i vorher gar net gfragt,
des woaß i jetzat net."
Doch plötzli fallt eahm eppas ei:
„Des ist net weiter schlimm,
weil ja mei Schwager nämli glei
zum Abholn dorthi kimmt."

Helmut Zöpfl

Spielzeugladen

Da fahren Züge auf blankem Geleise
durch Tunnel und Dörfer im Kreise, im Kreise,
und da stehen Autos zum Schieben und Lenken
und Bagger und Krane zum Kurbeln und
Schwenken
und Flugzeuge, Schiffe mit Steuer und Segel
und Baukästen, Spiele und Bücher und Kegel
und Roller und Schlitten, ein Zoo mit Giraffen
und Löwen und Bären und lustigen Affen –
ach –
hinter der Scheibe, hinter dem Glas!

Da ist ein Puppenhaus, da ist ein Laden,
und da gibt es Puppen zum Wickeln und Baden
und Jäckchen und Mützchen mit Bändern und
Spitzen
und Bettchen und Wagen mit Rüschen und
Litzen
und Puppen, die sprechen, und Puppen mit
Zöpfen
und Küchen mit Herden und Pfannen und
Töpfen
und Springseile, Schaukeln und Netze mit Bällen
und Teddys und Tiere mit wolligen Fellen –
ach –
hinter der Scheibe, hinter dem Glas!

Ursula Wölfel

Dunkel war's

Dunkel war's, der Mond schien helle,
schneebedeckt die grüne Flur,
als ein Wagen blitzeschnelle
langsam um die Ecke fuhr.

Drinnen saßen stehend Leute,
schweigend im Gespräch vertieft,
als ein totgeschoßner Hase
auf dem Sande Schlittschuh lief.

Und der Wagen fuhr im Trabe
rückwärts einen Berg hinauf.
Droben zog ein alter Rabe
grade eine Turmuhr auf.

Ringsumher herrscht tiefes Schweigen,
und mit fürchterlichem Krach
spielen in des Grases Zweigen
zwei Kamele lautlos Schach.

Und zwei Fische liefen munter
durch das blaue Kornfeld hin.
Endlich ging die Sonne unter,
und der graue Tag erschien.

Lewis Carroll

Viechereien

Sieben kleine Bären

Sieben kleine Bären
gingen trippel trappel
durch den Wald
und hielten sich brav
bei den Vordertatzen.

Da standen sieben kleine Katzen
bei einer Pappel
am Bach.
Und sagten: Ach
wären wir drüben,
miau!

Die Katzen machten die Augen zu
vor Ängsten.
Und der kleinsten
war es am bängsten.
Da nahmen die sieben kleinen Bären
die sieben kleinen Katzen
auf ihren Rücken
und sagten: Wir sind stark,
es wird uns glücken.

Als sie am anderen Ufer waren,
sagten die sieben Kätzlein
artig das Sätzlein:
Wir danken schön!

Es ist gern geschehen,
erklärten die Bären
und meinten auch:
Ja, wenn wir nicht wären!

Josef Guggenmos

Die Rennkuh

Auf ara Landstraß in da Fruah
da steht a Mo, nebn eahm a Kuah.
A Auterl, des grad kimmt vorbei,
des halt er o und fragt aa glei,
ob er net mitkaannt nei in d'Stadt,
weil er da drin was z'doa habn dad.
„Guat", moant der Fahrer, „steigns no zua,
bloß sagns, was deama mit da Kuah?"
„Da denkens eahna nix", moant der,
„de Liesl lauft danebn scho her."
Der Fahrer schaut verdaddert drei,
laßt aber doch den Mo dann nei,
laßt o sein Wagn und gibt a Gas
und fahrt mit Vierzge hi de Straß.
Der Liesl macht des Tempo nix.
Sie lauft nebnher als wiara Blitz.
„Respekt", hat se der Fahrer gsagt
und hat an Wagn auf fuchzge gjagt.
De Liesl macht bloß größre Schritt
und geht des Tempo spielend mit.
Jetzt legt er's aber glatt drauf o
und geht sogar auf Siebzge no.
Wiara jetzt schaugt zum Fenster naus
hängt prompt der Kuah de Zunga raus.
„Jetzt moan i", sagt er, „is' am End,
schaugns naus, wiar ihr de Zung raushängt."
„Mei Kuah am End? Daß i net lach!
Mei Liesl werd so schnell net schwach.
Daß' Zunga rausstreckt, so wia jetzt,
hoaßt, daß zum Überholn osetzt!"

Helmut Zöpfl

Die drei Spatzen

In einem leeren Haselstrauch
Da sitzen drei Spatzen, Bauch an Bauch.

Der Erich rechts und links der Franz
Und mittendrin der freche Hans.

Sie haben die Augen zu, ganz zu,
Und obendrüber, da schneit es, hu!

Sie rücken zusammen dicht, ganz dicht.
So warm wie der Hans hats niemand nicht.

Sie hören alle drei ihrer Herzlein Gepoch.
Und wenn sie nicht weg sind, so sitzen sie noch.

Christian Morgenstern

Ein Elefant marschiert durchs Land

Ein Elefant marschiert durchs Land
und trampelt durch die Saaten.
Er ist von Laub und Wiesenheu
so groß und kühn geraten.

Es brechen Baum und Gartenzaun
vor seinem festen Tritte.
Heute kam er durch das Tulpenfeld
zu mir mit einer Bitte.

Er trug ein weißes Kreidestück
in seinem langen Rüssel
und schrieb damit ans Scheunentor:
,,Sie, geht es hier nach Brüssel?"

Ich gab ihm einen Apfel
und zeigte ihm die Autobahn.
Da kann er sich nicht irren
und richtet wenig an.

Josef Guggenmos

Spürnase

Der Hund, das ist doch nur ein Tier!
Und doch bemerkt er mehr als wir.
Bei jedem Schnaufer, den er sacht
durch seine Nasenlöcher macht,
erforscht, belauscht er, spürt und schmeckt,
was sich vor unserm Blick versteckt.
Gelangt der Hund in eine Küche,
bemerkt er Hunderte Gerüche.
Wir Menschenkinder riechen wohl
den Käse und den Blumenkohl,
vielleicht auch noch ein Fischgericht,
doch mehr riecht unsre Nase nicht.
Der Hund jedoch beschnuppert stumm
am Boden das Linoleum
und weiß sofort, wer gestern sich
zum Naschen an den Zucker schlich
und wer auf leisen Gummisohlen
das große Kuchenstück gestohlen.
Er schnuppert hier und schnüffelt dort
und weiß bei jedem Ding sofort,
wem was gehört, wer was berührte
und wer was wo im Schilde führte.
Manch Rätsel wäre leicht zu klären,
wenn Hunde nicht verschwiegen wären!
Daß uns die Hunde nicht verpetzen,
ist Grund genug, sie hochzuschätzen.

Eva Rechlin

Der weiße Hirsch

Es gingen drei Jäger wohl auf die Pirsch;
sie wollten erjagen den weißen Hirsch.
Sie legten sich unter den Tannenbaum;
da hatten die drei einen seltsamen Traum.

Der erste:
Mir hat geträumt, ich klopf auf den Busch;
da rauschte der Hirsch heraus, husch, husch!

Der zweite:
Und als er sprang mit der Hunde Geklaff,
da brannt' ich ihn auf das Fell, piff, paff!

Der dritte:
Und als ich den Hirsch an der Erde sah,
da stieß ich lustig ins Horn, trara!

So lagen sie da und sprachen, die drei;
da rannte der weiße Hirsch vorbei,
und eh' die drei Jäger ihn recht gesehn,
so war er davon über Tiefen und Höhn.
Husch, husch! piff, paff! trara!

Ludwig Uhland

Der Kanarienvogel

„I hätt gern an Kanari ghabt",
so hat im Tiergschäft drin
de Witwe Siebzehnrübl gsagt,
„a Vogerl, des schee singt."
„Da schaungs", hat der Besitzer gmoant,
„dort in den Käfig nei.
Da drinna hätt i grad no zwoa,
de kanntn richtig sei."
Im Käfig san zwoa Vögerl gwen,
der oa hat unbeirrt
in oaner Tour und wunderschön
sei Liad raus tiriliert.
Der ander ist ganz lätschert grad
im Käfig ghockt danebn,
hat gfreßn bloß und hat akrat
koan Laut net von se gebn.
„Des oane Vogerl hätt i gern",
hats gmoant, „des so schee singt."
„Geht net", moant der, „weils abgebn wern
bloß dem, der beide nimmt!"
„Der ander", bstehts drauf, „is ma z'lahm,
weil der net singt, bloß frißt."
„Huift nix", moant der, „de zwoa ghörn zamm,
des is der Komponist!"

Helmut Zöpfl

Der Hahn

In der Sonne steht ein Hahn,
redet seine Hennen an:

„Seht mich an! Wo ist der Mann,
der mit mir sich messen kann?
Seht dies Auge, groß und mächtig,
meine Federn golden, prächtig,
meines Kammes Majestät,
diese rote Krone seht!
Meine Haltung, stolz und schlank,
meines Rufs Trompetenklang
und mein königlicher Gang,
an den Füßen diese Sporen:
alles zeigt euch einen Mann,
der wahrhaftig sagen kann,
daß zum Helden er geboren."

Also spricht der stolze Hahn,
kräht, so laut er krähen kann. –
Plötzlich kommt ein kleiner Mops,
springt und bellt mit lust'gem Hops
nur zum Spaß den Helden an.
Und – o seht! – der kühne Mann
läuft, was er nur laufen kann. –
Ach, du jämmerlicher Hahn!

Robert Reinick

Das Huhn und der Karpfen

Auf einer Meierei,
da war einmal ein braves Huhn,
das legte, wie die Hühner tun,
an jedem Tag ein Ei
und kakelte,
mirakelte, spektakelte,
als ob's ein Wunder sei!
Es war ein Teich dabei,
darin ein braver Karpfen saß
und stillvergnügt sein Futter fraß,
der hörte das Geschrei:
wie's kakelte,
mirakelte, spektakelte,
als ob's ein Wunder sei!
Da sprach der Karpfen: Ei!
Alljährlich leg ich 'ne Million
und rühm' mich des mit keinem Ton:
wenn ich um jedes Ei
so kakelte,
mirakelte, spektakelte –
was gäb's für ein Geschrei!

Heinrich Seidel

Die Affen

Der Bauer sprach zu seinem Jungen:
,,Heut in der Stadt, da wirst du gaffen.
Wir fahren hin und seh'n die Affen.
Es ist gelungen
und um sich schiefzulachen,
was die für Streiche machen
und für Gesichter,
wie rechte Bösewichter.
Sie krauen sich,
sie zausen sich,
sie hauen sich,
sie lausen sich,
beschnuppern dies, beschnuppern das,
und keiner gönnt dem andern was,
und essen tun sie mit der Hand,
und alles tun sie mit Verstand,
und jeder stiehlt als wie ein Rabe.
Paß auf, das siehst du heute."
,,O Vater", rief der Knabe,
,,sind Affen denn auch Leute?"
Der Vater sprach: ,,Nun ja,
nicht ganz, doch so beinah."

Wilhelm Busch

Schnurpsenzoologie

Im Urwald, Forschern unbekannt,
lebt fröhlich der KAMELEFANT.

Durch Wüstensand trabt mit Gewackel
ein seltnes Tier, der DROMEDACKEL.

Im bunten Federkleid ganz leis
meckert im Stall die PAPAGEIS.

Mit viel Gequiek und viel Gewerkel
fliegt auf den Baum das MAIKÄFERKEL.

Es piekt im Bett mal dort, mal da
gestreift und platt das WANZEBRA.

Im Vogelkäfig riesengroß
singt das KANARHINOZEROS.

Man zählt erstaunt der Beine sechse
(trotz Schwanz!) bei jeder AMEIDECHSE.

Durchs Wasser schwimmt mit buntem Fittich
laut zwitschernd der FORELLENSITTICH.

Besonders schmerzenreiche Bisse
verursacht uns die NASHORNISSE.

Wohl weil er nackt ist, braucht er solch
ein Flügelpaar, der FLEDERMOLCH.

Ein Tier mit Haus, das kriecht, nennst du,
wenn's plötzlich hüpft: SCHNECKÄN-
GURUH.

Es wiehert süß mit offenem Maul
bei Mondenschein der NACHTIGAUL.

Mit Hörnern krabbeln durch die Tropen
die FEUERSALAMANTILOPEN.

Zum Kämmen brauchst du einen Striegel
und Heldenmut beim KROKODIGEL.

Sehr scheu, und ganz und gar kein Krieger,
lebt im Gebirg' der MURMELTIGER.

Durchs Fenster, ohne aufzustehn,
kann der GIRAFFENPINSCHER sehn.

Es schlängelt sich, im Maul ein Körnchen,
den Baum hinauf das BLINDSCHLEICH-
HÖRNCHEN.

Du meinst, es gibt kein einz'ges Tier
von allen, die ich nannte hier?
Sei doch so gut und mal sie mir,
dann gibt es sie – auf dem Papier.

Michael Ende

Wieviel wiegt ein Fink?

Ich schrieb einen Brief
nach Amsterdam.
Er hat gewogen
zwanzig Gramm.

Da kam geflogen
zum Fenster herein
ein Fink.
Der sagte: ,,Pink!
Ich möchte auch gewogen sein."
Schwups, saß er auf der Waage.

,,Was", rief ich, ,,du Wicht,
nicht mehr als mein Brief
ist dein ganzes Gewicht?"

,,Ach", meinte der Fink,
,,mehr brauche ich nicht
Denn wäre ich schwer,
könnte ich nicht
fliegen so flink.
Pink!"

Josef Guggenmos

Die Versteigerung

Beim Unterwirt im Nebensaal,
da ist jeds halbe Jahr amal
a größere Versteigerung.

Da steigert mit dann alt und jung.

Alls Mögliche kannst dortn kriagn!
Bügeleisen, Kinderwiagn
oide Möbel, Hosenträger,
Schlittschuah, Radl, Tennisschläger,
Büacher, Maßkrüag, Millikandl,
Teppich, Anzüg, Badewandl,
Regnschirm, Koffer und Krawattn,
Schreibmaschina, Langspuiplattn,
Fuaßbäll, Schi und Autoreifen,
Gamsbarthüat und Tabakspfeifen,
Kuglschreiber, Briafpapier,
Gipsfigurn und a Klavier.

Heut is was ganz Bsonders dro,
denn heut hat der Versteigrungsmo
beim andern Zeugl no dabei
an Käfig mit am Papagei.

An Fuchzga biet a ältrer Herr.
,,Fuchzg Mark? Is recht, wer bietet mehr?"
,,Siebzge!" kimmt's von Irgendwo,
,,Achzge!" schreit derselbe Mo.

,,Hundert Mark!" hört ma jetzt wem,
scho schreit oana: ,,Hundertzehn!"

,,Hundertzwanzg!" schreit wieder wer,
doch der oane ältre Herr
laßt net locker, setzt und setzt,
und ersteigertn aa zletzt.

Wiara holt sein Papagei
moant er: ,,So, jetzt sagns ma glei:
Redt des Viech aa wirkli gwiß,
des so teuer kemma is?"
,,Ja freili", lacht da drauf der Mo,
,,unser Lora, de redt scho,
wer, moanans denn, daß jetzat grad
mit Eahna so lang gsteigert hat?"

Helmut Zöpfl

Fink und Frosch

Im Apfelbaume pfeift der Fink
sein: pinkepink.
Ein Laubfrosch klettert mühsam nach
bis auf des Baumes Blätterdach
und bläht sich auf und quakt: ,,Ja, ja!
Herr Nachbar, ick bin och noch da!"

Und wie der Vogel frisch und süß
sein Frühlingslied erklingen ließ,
gleich muß der Frosch in rauhen Tönen
den Schusterbaß dazwischen dröhnen.

,,Juchheija, heija!" spricht der Fink.
,,Fort flieg ich flink!"
Und schwingt sich in die Lüfte hoch.

,,Wat!" ruft der Frosch. ,,Dat kann ich och!"
Macht einen ungeschickten Satz,
fällt auf den harten Gartenplatz,
ist platt, wie man die Kuchen backt,
und hat für ewig ausgequakt.

Wenn einer, der mit Mühe kaum
geklettert ist auf einen Baum,
schon meint, daß er ein Vogel wär,
so irrt sich der.

Wilhelm Busch

Die Frösche

Ein großer Teich war zugefroren;
die Fröschlein, in der Tiefe verloren,
durften nicht ferner quaken noch springen,
versprachen sich aber im halben Traum,
fänden sie nur da oben Raum,
wie Nachtigallen wollten sie singen.

Der Tauwind kam, das Eis zerschmolz;
nun ruderten sie und landeten stolz
und saßen am Ufer weit und breit
und – quakten wie vor alter Zeit.

Johann Wolfgang Goethe

Adler und Schnecke

Im Wipfel eines Baums
auf hohem Berg
erspäht der Adler
kreisend einen Zwerg
mit Hörnern,
einem Buckelhaus – ein Ding
verschmutzt, verschleimt,
armselig und gering.
Verteufelt häßlich,
auch noch winzig klein!
so denkt der Adler,
was kann das nur sein?
Der Adler äugt,
und als er tiefer kreist,
das Zwergending
als Schnecke sich erweist.
,,Mit deinem Haus,
du kleiner Tropf von Leben,
was willst du überhaupt
in dieser Welt,
in der sich einer
so wie ich kaum hält?
Wie kannst du dich
in solche Höhe heben?"
,,Durch Kriechen",
sprach die Schnecke,
,,Stück für Stück",
und zog sich
in ihr Schneckenhaus
zurück.

Stojan Michailowski

Wo wir wohnen

Die Ameisen

In Hamburg lebten zwei Ameisen,
die wollten nach Australien reisen.
Bei Altona auf der Chaussee,
da taten ihnen die Beine weh,
und da verzichteten sie weise
dann auf den letzten Teil der Reise.

Joachim Ringelnatz

Kleine Welt

Das lebt so stille vor sich hin:
Im Wiesengrund der Bach . . . das Moos . . .
der Erlenbruch . . . die Blumen drin –
macht keines Lärm, tut keines groß.

Und immer rinnt das Wasser doch,
und immer wieder treibt der Saft.
Der Himmel drüber ist so hoch,
die Erde drunter so voll Kraft.

Mit leisen Fingern, fort und fort,
wird hier ein Wunderwerk getan,
das stetig währt, das nie verdorrt . . .
ich wollt, ich hätte teil daran!

Dr. Owlglass

Ich weiß einen Stern

Ich weiß einen Stern
gar wundersam,
darauf man lachen
und weinen kann.

Mit Städten, voll
von tausend Dingen.
Mit Wäldern, darin
die Vögel singen.

Ich weiß einen Stern,
drauf Blumen blühn,
drauf herrliche Schiffe
durch Meere ziehn.

Er trägt uns, er nährt uns,
wir haben ihn gern:
Erde, so heißt
unser lieber Stern.

Josef Guggenmos

Der Rauch

Das kleine Haus unter Bäumen am See.
Vom Dach steigt Rauch.
Fehlte er
Wie trostlos dann wären
Haus, Bäume und See.

Bertolt Brecht

Das Haus

Das erste Haus war eine Höhle,
das zweite war vielleicht ein Zelt.
So gibt es mancherlei Behausung,
wo Menschen sind auf dieser Welt.

Wie viele haben keine Ahnung,
was alles mitlebt in dem Haus:
die Spinne und die Kellerassel,
der Holzwurm und die Fledermaus.

Wenn Mensch und Tier das Haus nicht hätten,
es wäre furchtbar, wie sie frören!
Sie hätten weder Herd noch Betten.
Drum soll man Häuser nicht zerstören.

Eva Rechlin

Richtspruch

Das neue Haus ist aufgericht't,
gedeckt, gemauert ist es nicht.
Noch können Regen und Sonnenschein
von oben überall herein.
Drum rufen wir zum Meister der Welt,
er wolle von dem Himmelszelt
nur Heil und Segen gießen aus
hier über dieses offne Haus.
Zuoberst woll' er gut Gedeihn
in den Kornböden uns verleihn,
in die Stube Fleiß und Frömmigkeit,
in die Küche Maß und Reinlichkeit,
in den Stall Gesundheit allermeist,
in den Keller dem Wein einen guten Geist.
Die Fenster und Pforten woll' er weihn,
daß nichts Unseliges kommt herein,
und daß aus dieser neuen Tür
bald fromme Kindlein springen für.
Nun, Maurer, decket und mauret aus!
Der Segen Gottes ist im Haus.

Ludwig Uhland

Segenswünsche
für ein neues Haus

Der Maurer hats gemauert,
der Zimmrer überdacht,
doch daß es hält und dauert,
das steht in Gottes Macht.

Und schützt das Dach vor Regen,
die Mauer vor dem Wind,
so ist doch allerwegen
an Gott allein gelegen,
ob wir geborgen sind.

Otfried Preußler

Mein Haus

Mein Haus ist das schönste
auf der Welt.
Was habe ich alles
hineingestellt?

Der Tisch ist aus Holz,
die Schere aus Stahl.
Der Teller ist rund,
der Spiegel oval.

Wo ist der Saft?
In den grünen Flaschen.
Was ist im Napf?
Etwas zum Naschen.

Was tu ich am Montag?
Da wird gesungen.

Was tu ich am Dienstag?
Da wird gesprungen.

Am Mittwoch
klappere ich mit dem Topf.
Am Donnerstag
stehe ich auf dem Kopf.

Am Freitag
gilt es, Holz zu hacken.
Am Samstag
werde ich kneten und backen.

Kommst du am Sonntag
mich besuchen,
darfst du den Kuchen
auch versuchen.

Josef Guggenmos

Hast du das schon mal gesehen?

Hast du das schon mal gesehen,
wie der Mond von Nacht zu Nacht
größer wird und wie er schließlich
kugelrund vom Himmel lacht?
Danach wird er wieder dünner,
alle Nächte Stück um Stück,
aus der Kugel wird die Sichel,
nichts bleibt mehr von ihm zurück.
Dann sind alle Nächte dunkel,
bis er endlich wiederkehrt
als ein schmaler goldner Bogen,
der von Nacht zu Nacht sich mehrt,
bis er, kugelrund geschwollen,
hoch am dunklen Himmel glimmt.
Und die Kugel wird zur Sichel,
welche durch das Sternreich schwimmt,
und die Sichel wächst zur Kugel.
So geht's immer hin und her,
und der Mond, der das erduldet,
der bemerkt das gar nicht mehr.

Eva Rechlin

Die Stadt Rom

Rom ist eine große Stadt,
die hunderttausend Häuser hat,
in denen Millionen
Menschen wohnen.

In jedem Park gibt es Zikaden,
die dich zu Zirpkonzerten laden.
Viel Blumen blühen, rot und weiß,
und jeden Sommer ist es heiß.

Auf sieben Hügeln steht die Stadt,
die hunderttausend Häuser hat
und Marmorsäulen, weiß und kalt,
die sind zweitausend Jahre alt.

Bruno Horst Bull

Bei uns daheim

Sitz ich am Brunnenstein,
schau ich ins Land hinein,
Brunnen, der plätschert leis
uralte Weis.

Früh, eh der Tag bricht an,
weckt mich der Gockelhahn,
weckt mich so bald, so früh,
kikeriki!

Scheint mir der Mond aufs Dach,
hält mich sein Scheinen wach.
Birnbaum rauscht, Hündlein bellt,
groß ist die Welt.

Doris Mühringer

Einkehr

Bei einem Wirte, wundermild,
Da war ich jüngst zu Gaste;
Ein goldner Apfel war sein Schild
An einem langen Aste.

Es war der gute Apfelbaum,
Bei dem ich eingekehret,
Mit süßer Kost und frischem Schaum
Hat er mich wohl genähret.

Es kamen in sein grünes Haus
Viel leicht beschwingte Gäste;
Sie sprangen frei und hielten Schmaus
Und sangen auf das beste.

Ich fand ein Bett zu süßer Ruh
Auf weichen grünen Matten;
Der Wirt, er deckte selbst mich zu
Mit seinem kühlen Schatten.

Nun fragt ich nach der Schuldigkeit,
Da schüttelt er den Wipfel.
Gesegnet sei er allezeit
Von der Wurzel bis zum Gipfel.

Ludwig Uhland

Hausspruch

In meinem Haus,
da wohne ich,
da schlafe ich,
da esse ich.
Und wenn du willst,
dann öffne ich
die Tür
und laß dich ein.

In meinem Haus,
da lache ich,
da weine ich,
da träume ich.
Und wenn ich will,
dann schließe ich
die Tür
und bin allein.

Gina Ruck-Pauquèt

Das Leben ist schön

Fröhlicher Regen

Wie der Regen tropft, Regen tropft,
an die Scheiben klopft!
Jeder Strauch ist naß bezopft.
Wie der Regen springt!
In den Blättern singt
eine Silberuhr.
Durch das Gras hinläuft,
wie eine Schneckenspur,
ein Streifen weiß beträuft.

Das stürmische Wasser schießt
in die Regentonne,
daß die überfließt,
und in breitem Schwall
auf den Weg bekiest
stürzt Fall um Fall.

Und der Regenriese,
der Blauhimmelhasser,
Silbertropfenprasser,
nieselnd faßt er in der Bäume Mähnen
lustvoll schnaubend in dem herrlich
  vielen Wasser.

Und er lacht mit fröhlich weißen Zähnen
und mit kugelrunden, nassen
  Freudentränen.

Georg Britting

Vom Glück

Glück, des is des, was ma meistens net siegt,
weil's uns zu nah vor de Augn oft liegt.
Fast wia mit a Bruin verhaltse se grad,
de ma suacht, wenn mas drobn auf der Nasn
  doch hat.
Aus Unscheinbarkeiten, wiara bunts Mosaik,
aus ganz kloane Freudn setzt se zsamma
  as Glück.
A Bekanntschaft, a nette, wo ma guat se versteht,
a Bsuach, a liaber, der aa wieder geht;
a zünftige Gesellschaft, wo ma froh is und lacht,
a Baam, der in Blüah steht, a sternklare Nacht;
„alle neune" beim Kegeln und a „Kranz" no
  dazua;
a Spaziergang im Wald draus scho ganz in der
  Fruah;
a Schluck aus am Brunna, der wo oam erfrischt,
a Zug, den ma grad no vorm Wegfahrn derwischt;
a Schmankerl, des wo ma unverhofft kriagt,
wenn de Sonn wieder scheint, weil's de Wolkn
  verziagt;
a Lächeln, a Dankscheen, a freundlicher Blick
– des alls, des kann sei so a Tupfer vom Glück.
Doch merkt ma's, wenn's da is, im Augenblick
  kaum,
ma spannt's erst danach beim In-Rückspiegel-
  Schaun.

Helmut Zöpfl

39

Sind wir reich?

„Vater, sind wir reich?“
fragt Frank.
„Nein“, antwortet der Vater.
Frank zählt auf:
„Wir haben genug zu essen.
Wir haben eine Wohnung
mit einem Zimmer für jeden.
Wir haben ein Auto.
Alles, was wir brauchen, haben wir.“
„Reiche Leute haben mehr,
als sie brauchen“, sagt der Vater.
Frank überlegt.
„Haben sie dann nicht zuviel?“

Wolfgang Schulz

Keiner auf der Welt

Sie träumen und glauben und denken,
daß Geld-Haben alles wär'.
Sie würden uns gerne den Himmel schenken
und haben ihn selbst nicht mehr.

Sie meinen, sie hätten schon alles,
weil jeder so leicht vergißt:
Da ist manches Wunderbare
auf der Erde, das als Ware
leider unerschwinglich ist.

Kauf dir das Lied, das die Nachtigall singt
kauf dir, daß einer dich mag.
Kauf dir, daß am Straßenrand ein Vagabund dir
winkt –
kauf das Lachen vom vergangenen Tag!
Kauf dir das Raunen des Grases im Wind –
kauf dir ein zärtliches „Du“ –
kauf dir, wenn einmal das Leben verrinnt,
eine Sekunde dazu!
Kauf dir das Lied, das die Nachtigall singt –
Liebe, die treu zu dir hält.
Kauf dir das Glück, das nur Zweisamkeit bringt –
keiner auf der Welt hat so viel Geld.

Mischa Mleinek

Geh weiter, Zeit, bleib steh!

I lieg am Bodn und hör an Wind,
wiara se stroaft im Gras.
Koa Uhr is da, de wo mi zwingt
und sagt mir: dua jetzt was.
I blinzl in de warme Sonn
und denk mir bloß: wia schee!
. . . Schad, daß ma nix derhaltn konn.
Geh weiter, Zeit, bleib steh!
Geh weiter, Zeit, bleib steh,
dua ma den Gfalln, dua net vergeh!
Geh weiter, Zeit, bleib steh,
wart bloß a bisserl,
's waar grad so schee!

Helmut Zöpfl

Barfuaßat

Barfuaßat renna,
koane Schuah
mehr kenna
koane Strümpf,
koane Sockn,
koane Socknhalta –

oh wundascheens Alta!

Barfuaßat in de Lacka,
im Baaz rumrüahrn,
an hoaßn Teer
auf de Fuaßsohln gspürn,
a Fünfal mit de
Zehan aufhem –

oh wundascheens Lem!

Hernach in an rostign
Nagl neilaaffa,
daß da Schmerz nachlaßt
an Waffebruch káaffa,
beim Fuaßboispuin
nacha no
d Fersn prellt –

oh herrlich gfährliche Buamawelt!

Herbert Schneider

Zwei Heimgekehrte

Zwei Wanderer zogen hinaus zum Tor
zur herrlichen Alpenwelt empor.
Der eine ging, weil's Mode just,
den andern trieb der Drang in der Brust.

Und als daheim nun wieder die zwei,
da rückt die ganze Sippe herbei,
da wirbelt's von Fragen ohne Zahl:
,,Was habt ihr gesehn? Erzählt einmal!"

Der eine drauf mit Gähnen spricht:
,,Was wir gesehn? Viel Rares nicht!
Ach, Bäume, Wiesen, Bach und Hain,
und blauen Himmel und Sonnenschein!"

Der andere lächelnd dasselbe spricht,
doch leuchtenden Blicks,
mit verklärtem Gesicht:
,,Ei, Bäume, Wiesen, Bach und Hain
und blauen Himmel und Sonnenschein!"

Anastasius Grün

Spruch

Schläft ein Lied in allen Dingen,
die da traumen fort und fort,
und die Welt hebt an zu singen,
triffst du nur das Zauberwort.

Joseph Freiherr von Eichendorff

Worüber wir staunen

Daß die Welt hinter den Bergen
nicht zu Ende ist,
daß, was dir im Spiegel begegnet
du selber bist.
Daß die Erde rund ist und sich dreht,
und daß der Mond,
auch wenn es regnet, am Himmel steht.
Daß die Sonne,
die jetzt bei uns sinkt,
andern Kindern
Guten Morgen winkt.

Max Bollinger

Täglich zu singen

Ich danke Gott, und freue mich
wie's Kind zur Weihnachtsgabe,
daß ich bin, bin! Und daß ich dich,
schön menschlich Antlitz! habe;

daß ich die Sonne, Berg und Meer
und Laub und Gras kann sehen,
und abends unterm Sternenheer
und lieben Monde gehen;

und daß mir denn zu Mute ist
als wenn wir Kinder kamen
und sahen, was der heilge Christ
bescheret hatte. Amen!

Matthias Claudius

Komm, sage mir

In eines Holzes Duft lebt fernes Land.
Gebirge schreiten durch die blaue Luft.
Ein Windhauch streicht wie Mutter deine Hand.
Und eine Speise schmeckt nach Kindersand.

Die Erde hat ein freundliches Gesicht,
so groß, daß man's von weitem nur erfaßt.
Komm, sage mir, was du für Sorgen hast.
Reich willst du werden? –
        Warum bist du's nicht?

Joachim Ringelnatz

Feste feiern

Man sollte öfter einmal Feste feiern,
und nicht erst, wenn eins fällt.
Man kann sie ohne Gäste feiern
und ohne Geld.

Ein hübsches Fest heißt Freunde-Suchen.
Ein lustiges heißt: Lachen-Fest.
Es gibt das Fest der Pflaumenkuchen,
das Drachenfest.

Ich könnte euch noch viele nennen,
doch hoff ich, ihr versteht:
Man muß auch grundlos feiern können,
wenn's sonst nicht geht.

Rudolf Neumann

Im Regen

Kinder kommen gelaufen
Ins Grüne, ins Nasse
Heraus,
In den prustenden Regen,
Ersingen sich seinen Segen,
Daß er sie wachsen lasse.

Im hölzernen Fasse
Mit dunklem Basse
Aus allen Traufen
Lärmt schon der Braus.

Die Bäume schnaufen,
Lechzen dem Feuchten entgegen.
Gern wollen sies leiden,
Daß der Wind sie fasse
Im wilden Bewegen,
Im tanzenden Saus.

Die Eichen vorm Haus,
Die beiden
Uralten Heiden,
Stehen bescheiden
Und lassen sich taufen.

Eugen Roth

Rausche, rausche, Regen

Rausche, rausche, Regen,
das Gras wächst auf den Wegen,
jede Stunde einen Zoll,
niemand weiß, wie's enden soll.
Der Hof und die Laube vergrasen,
Gebüsch wird aus dem Rasen,
morgen ist es ein Wald,
uralt.

Werner Bergengruen

Trost

Du weißt, daß hinter den Wäldern blau
Die großen Berge sind.
Und heute nur ist der Himmel grau
Und die Erde blind.

Du weißt, daß über den Wolken schwer
Die schönen Sterne stehn,
Und heute nur ist aus dem goldenen Heer
Kein einziger zu sehn.

Und warum glaubst du dann nicht auch,
Daß uns die Wolke Welt
Nur heute als ein flüchtiger Hauch
Die Ewigkeit verstellt?

Eugen Roth

Zum Sehen geboren

Zum Sehen geboren,
Zum Schauen bestellt,
Dem Turme geschworen,
Gefällt mir die Welt.

Ich blick in die Ferne,
Ich seh in der Näh
Den Mond und die Sterne,
Den Wald und das Reh.

So seh ich in allen
Die ewige Zier,
Und wie mir's gefallen,
Gefall ich auch mir.

Ihr glücklichen Augen,
Was je ihr gesehn,
Es sei, wie es wolle,
Es war doch so schön!

Johann Wolfgang von Goethe

Das Feuer

Hörst du, wie die Flammen flüstern,
knicken, knacken, krachen, knistern,
wie das Feuer rauscht und saust,
brodelt, bruzelt, brennt und braust?

Siehst du, wie die Flammen lecken,
züngeln und die Zunge blecken,
wie das Feuer tanzt und zuckt,
trockne Hölzer schlingt und schluckt?

Riechst du, wie die Flammen rauchen,
brenzlig, brutzlig, brandig schmauchen,
wie das Feuer, rot und schwarz,
duftet, schmeckt nach Pech und Harz?

Fühlst du, wie die Flammen schwärmen,
Glut aushauchen, wohlig wärmen,
wie das Feuer, flackrig-wild,
dich in warme Wellen hüllt?

Hörst du, wie es leiser knackt?
Siehst du, wie es matter flackt?
Riechst du, wie der Rauch verzieht?
Fühlst du, wie die Wärme flieht?

Kleiner wird der Feuersbraus:
Ein letztes Knistern,
ein feines Flüstern,
ein schwaches Züngeln,
ein dünnes Ringeln –
aus.   James Krüss

Glückwunsch

Wieviel Sand in dem Meer,
wieviel Sterne oben her,
wieviel Tiere in der Welt,
wieviel Heller unterm Geld,
in den Adern wieviel Blut,
in dem Feuer wieviel Glut,
wieviel Blätter in den Wäldern,
wieviel Gräslein in den Feldern,
in den Hecken wieviel Dörner,
auf dem Acker wieviel Körner,
auf den Wiesen wieviel Klee,
wieviel Stäublein in der Höh,
in den Flüssen wieviel Fischlein,
in dem Meere wieviel Müschlein,
wieviel Tropfen in dem See,
wieviel Flocken in dem Schnee,
soviel lebendig weit und breit
wünsch ich dir eine gute Zeit.   Volksgut

Wir Menschen, wir Kinder

Warum bin ich eigentlich ich?

Wenn mein Vater
nicht meine Mutter
geheiratet hätte, was wäre dann?

Wäre ich dann auch ich?
Wäre ich dann ein Junge
oder ein Mädchen?

Warum bin ich ich?
Warum bin ich nicht ein anderer?
Warum habe ich die Nase,
die Ohren, warum die Haare
und die Hautfarbe?
Warum bin ich so?

Warum bin ich so, wie ich bin?
Jetzt meine ich nicht meine Nase,
die Hautfarbe oder meine Haare.
Ich meine:

daß ich gerne Gurken esse,
daß ich Trompete gerne höre,
daß ich gerne lange schlafe,
daß ich den Udo nicht mag,
daß ich schlecht schreiben kann,
daß ich Angst bekomme,
wenn ich ein trauriges Bild sehe,
daß ich schnell wütend werde?

Warum bin ich ich?

Ich denke nach

Oft erzählt Mutter von früher.
Sie erzählt, was ich alles angestellt habe,
als ich noch ganz klein war.
Sie erzählt, wie sie mich bekommen hat,
wie ich laufen gelernt habe
und was für Fragen ich gestellt habe.
Da müssen wir immer lachen.

Jetzt bin ich schon größer.
Ich kann schon lesen, schreiben und rechnen.
Vater sagt: Das ist wichtig für das spätere Leben.

Ob er recht hat?
Eigentlich würde ich viel lieber spielen
als Hausaufgaben machen
und an das „spätere Leben" denken.

Aber manchmal denke ich doch daran.
Wie wird es sein?
Was soll ich werden?
Pilot wäre ganz schön! Oder Rennfahrer!

Auf jeden Fall möchte ich groß werden.
Und froh.
Wäre ich doch schon groß!

Doch manchmal habe ich auch etwas Angst.
Warum nur?
                                    Günther Weber

Möchtn Sie vielleicht i sei?

Wenn oana zum Beispui
a Gitarrspiela is,
so a Feierabndzupfa
mit ganze fünf Griff,
und gleichzeitig
da größte Experte
für vorderasiatische Insektn,
na möchat er gwieß liaba
a kleanara Experte sei
und dafür a Gitarrspiela
wia da Segovia.

Und wenn oana
a Gitarrspiela is
wia da Segovia
und a Autalfahra
wiaran Huababauern
sei Gartnzwerg,
na möcht er gwieß lieba
bloß a Amateur-Klimpara sei
und dafür a Autorennfahra
wia da Stirling Moss.

Und wettn, daß da Stirling Moss
mit seine Spatznwadl
manchmoi vui liaba
da Uwe Seeler,
da Uwe Seeler
mit seim Brotkastngsicht
oft ganz gern
da Curd Jürgens,
da Curd Jürgens manchmoi liaba
da Fidel Castro,
und da Fidel Castro
mit seim Rasputin-Bart
bsondas im Somma
mit Hochgenuß liaba
da Yul Brynner sei möchat?

I zum Beispui
möchat am liaban
aa net i sei,
sondan vui liaba
Sie sei.
Aba vielleicht
möchatn dafür wieda Sie
vui liaba für mi
i sei?

Herbert Schneider

Grund zum Feiern

Du, er und sie,
der ander und i,
ihr alle und mia,
koans konn was dafür,
daß mia irgendwann
as Lebn gschenkt kriagt ham.
Wenn der Großvater net
de Großmuatter hätt'
troffa halt grad
genau an dem Tag.
Wenn er oder sie
woanders waarn hi
wia was ausgrechnet dann
zsammtroffa san,
daads di net und mi,
eahm net und sie,
daads koans von uns gebn,
koans waar am Lebn.
Koans von uns waar
da uma Haar.
Daß aber di,
euch, uns und mi
trotzdem gibt, is a Freud.
Und des feiert ma heut.

Helmut Zöpfl

Aus Glas

Manchmal denke ich mir irgendwas.
Und zum Spaß
denke ich mir jetzt, ich bin aus Glas.

Alle Leute, die da auf der Straße gehen,
bleiben stehen,
um einander durch mich anzusehen.

Und die vielen andern Kinder schrein:
,,Ei, wie fein!
Ich, ich, ich will auch durchsichtig sein.''

Doch ein Lümmel stößt mich in den Rücken.
Ich fall hin . . .
Klirr, da liege ich in tausend Stücken.
Ach, ich bleibe lieber, wie ich bin.

Josef Guggenmos

Der Stoa

I wollt, i waar nix wia-r-a Stoa
und staand wo auf der Höh;
i braucht den ganz'n Tag nix toa
wia da sei – dees waar schö!

Koa Rumg'renn gaab's, koa Rührn – sogar
mi wasch'n taat's net gebn.
I hätt mei Ruah glei tausad Jahr –
Herrgott, waar dees a Lebn!

Nach einem schottischen Volkslied
J. M. Lutz

Kinderkram

Taschenmesser, Luftballon,
Trillerpfeife, Kaubonbon,
Bahnsteigkarte, Sheriffstern,
Kuchenbrösel, Zwetschkenkern,
Bleistiftstummel, Kupferdraht,
Kronenkorken, Zinnsoldat,
ja, sogar die Zündholzdose
findet Platz in Peters Hose.
Nur das saubere Taschentuch
findet nicht mehr Platz genug.

Martin Ripkens und Hans Stempel

A Buamahosntaschn

Zwoa Nägel, zwoa krumme,
a Eiweckglasgumme,
a Bärndreckstanga,
a Fadn, a mordslanga,
a „Stoanse" aus Holz,
a Klupperl, a alts,
a paar flache Stoana,
a Ball, a kloana,
a hohla Schlüßl zum Pfeifn,
a Kaugummistreifn,
a Taschnmesser,
a Kreidnresterl,
a Schiaßbudnrosn,
a laare Blechdosn,
a Fensterkitt,
a Judnstrick,
a Stückl a Schnur,
a eigroste Uhr,
a Verschluß von a Flaschn:
Des hat Platz in am Buam seiner Hosntaschn.

Helmut Zöpfl

Kinderhände

in Holländerkind,
ein Negerkind,
ein Chinesenkind
drücken beim Spielen
die Hände in Lehm –
nun sag: Welche Hand
ist von wem?

Hans Baumann

Kinder

Wir Kinder
mit der weißen Haut
sind nicht die einzigen Kinder auf der Erde

Wir Kinder
mit der schwarzen Haut
sind nicht die einzigen Kinder auf der Erde

Wir Kinder
mit der gelben Haut
sind nicht die einzigen Kinder auf der Erde

Wir Kinder
mit der roten Haut
sind nicht die einzigen Kinder auf der Erde

Wir sind alle gleich

Wenn Kinder mit roter Hautfarbe
und Kinder mit schwarzer Hautfarbe
und Kinder mit weißer Hautfarbe
und Kinder mit gelber Hautfarbe
zusammen spielen
dann streiten sie sich schon mal
um einen Ball eine Puppe oder wer erster ist
aber wir Kinder vertragen uns immer wieder

Wir Kinder
mit gelber roter weißer und schwarzer Hautfarbe
Auch wenn wir uns einmal streiten
wir vertragen uns immer wieder

Wir die Kinder auf der ganzen Welt

Rainer Schnurre

Von deinem Vater,
deiner Mutter
bist du
das Kind.

Von deinen Großvätern,
deinen Großmüttern
sind deine Eltern
die Kinder.

Von deinen Urgroßvätern,
deinen Urgroßmüttern
sind deine Großeltern
die Kinder.

Also sind
deine Großeltern,
deine Eltern
und du
allesamt Kinder.

Hans Manz

Wir und die andern

Wegwerfsachen

Kennst du
die Wegwerfsachen,
man kann sie aus Karton oder Papier,
aus dünnem Blech oder Plastik machen?
Man kriegt sie heute
an jedem Ort:
Darin ist Milch,
darin sind Eier,
darin sind Äpfel,
und sind sie verbraucht,
wirft man sie fort:
Hinein ins Feuer,
hinein in den Eimer,
hinein in die Tonne,
hinein in den Schutt.

Und die Wegwerfmenschen,
kennst du die auch,
sie stehen und liegen herum
nach Gebrauch?
Man trifft sie heute
an jedem Ort:
Einer ist krank,
einer ist alt,
einer ist schwach,
einer zuviel,
und sind sie verbraucht,
schickt man sie fort:
Hinaus vor die Tür,
hinein in die Anstalt,
hinaus auf die Straße,
hinein ins Asyl.

Hans Manz

Auf dem Schulhof

Ein Sperling, der von ungefähr
zu einem Schulhof kam,
erstaunte, über das, was er
auf diesem Hof vernahm.

Ein Mädchen sprach zu Meiers Franz:
Du alter Esel du!
Da sprach der Franz: Du dumme Gans,
bist eine blöde Kuh!

Der Walter sprach zum dicken Klaus:
Mach Platz, du fetter Ochs!
Da rief der Klaus: Du fade Laus,
paß auf, daß ich nicht box!

Zum Peter sprach Beate nun:
Du Affe, geh hier weg!
Da rief der Peter: Dummes Huhn,
ich weiche nicht vom Fleck!

Der Sperling meint, er hör nicht recht.
Es tönte allenthalb:
Du Schaf! Du Floh! Du blöder Hecht!
Du Hund! Du Schwein! Du Kalb!

Der kleine Sperling staunte sehr.
Er sprach: Es schien mir so,
als ob ich auf dem Schulhof wär,
doch bin ich wohl im Zoo!

James Krüss

Herr von Ribbeck auf Ribbeck im Havelland

Herr von Ribbeck auf Ribbeck im Havelland,
Ein Birnbaum in seinem Garten stand,
Und kam die goldene Herbsteszeit
Und die Birnen leuchteten weit und breit,
Da stopfte, wenn's Mittag vom Turme scholl,
Der von Ribbeck sich beide Taschen voll,
Und kam in Pantinen ein Junge daher,
So rief er: „Junge wiste ne Beer?"
Und kam ein Mädel, so rief er: „Lütt Dirn,
Kumm man röwer, ick hebb ne Birn."

So ging es viel Jahre, bis lobesam
Der von Ribbeck auf Ribbeck zu sterben kam.
Er fühlte sein Ende, 's war Herbsteszeit,
Wieder lachten die Birnen weit und breit;
Da sagte von Ribbeck: „Ich scheide nun ab.
Legt mir eine Birne mit ins Grab!"
Und drei Tage drauf, aus dem Doppeldachhaus,
Trugen von Ribbeck sie hinaus.
Alle Bauern und Büdner mit Feiergesicht
Sangen „Jesus meine Zuversicht",

Und die Kinder klagten, das Herze schwer:
„He is nu dod. Wer giwt uns nu ne Beer?"

So klagten die Kinder. Das war nicht recht –
Ach, sie kannten den alten Ribbeck schlecht!
Der neue freilich, der knausert und spart,
Hält Park und Birnbaum strenge verwahrt,
Aber der alte, vorahnend schon
Und voll Mißtraun gegen den eigenen Sohn,
Der wußte genau, was damals er tat,
Als um eine Birn ins Grab er bat;
Und im dritten Jahr aus dem stillen Haus
Ein Birnbaumsprößling sproßt heraus.

Und die Jahre gehen wohl auf und ab,
Längst wölbt sich ein Birnbaum über dem Grab,
Und in der goldenen Herbstszeit
Leuchtet's wieder weit und breit,
Und kommt ein Jung übern Kirchhof her,
So flüstert's im Baume: „Wiste ne Beer?"
Und kommt ein Mädel, so flüstert's: „Lütt Dirn,
Kumm man röwer, ick gew di' ne Birn!"

So spendet Segen noch immer die Hand
Des von Ribbeck auf Ribbeck im Havelland.

Theodor Fontane

Kennst du sie auch?

Aus der Zeitung den Fußballstar?
Den Jungen mit dem roten Haar?
Die Frau mit dem komischen Hut?
Das Kind mit der Brille, es sieht nicht gut?
Den verrückten Alten von nebenan?
Den Krüppel in der Straßenbahn?
Das Mädchen mit der dunklen Haut?
Und den Jochen, der lacht so laut?
Den Nachbarn mit dem dicken Bauch?

Kennst du sie auch?

Und du?
Kennst du dich auch?

Max Bollinger

Das Böse

Ein Mensch pflückt, denn man merkt es kaum,
ein Blütenreis von einem Baum.
Ein andrer Mensch, nach altem Brauch,
denkt sich, was der tut, tu ich auch.
Ein dritter, weils schon gleich ist, faßt
jetzt ohne Scham den vollen Ast,
und sieh, nun folgt ein Heer von Sündern,
den armen Baum ganz leer zu plündern.
Von den Verbrechern war der erste,
wie wenig er auch tat, der schwerste.
Er nämlich übersprang die Hürde
der unantastbar reinen Würde.

Eugen Roth

Petra

Das macht Petra, wenn sie sich
mit Steffen an-freundet:
Sie lächelt Steffen an.
Sie legt ihren Arm um Steffen.
Sie hält Steffen an der Hand.
Sie macht Steffen den Ranzen zu.
Sie setzt sich ganz nah zu Steffen.

Das macht Petra, wenn sie sich
von Steffen ab-freundet:
Sie dreht Steffen den Rücken zu.
Sie guckt Steffen bös an.
Sie streckt Steffen die Zunge raus.
Sie lacht Steffen aus.

Marianne Kreft

Das Glaskugelspiel

Ein Junge war arm,
er hatte keinen Vater,
nur eine Mutter,
die nicht zufrieden mit ihm war.

Einmal
entdeckte er im Küchenschrank,
hinter einem breiten Topf,
eine Tasse mit Kleingeld.
Er nahm
drei Zehner,
vier Fünfer,
sechs Zweier,
vier Einer,
ging zum Supermarkt
und kaufte
einen Beutel mit zwölf Glaskugeln
im Sonderangebot für 66 Pfennig.

Am nächsten Morgen
ging der Junge früher als sonst
zur Schule und sofort zu den Jungen,
die jeden Morgen auf dem Schulhof
das Glaskugelspiel spielen.
,,Du hast keine Kugeln!
Du darfst nicht mitspielen!"
schrien sie.
Er zeigte seinen Beutel.
Da durfte er.
Aber seine Hand zitterte,
so oft er die Kugel stieß,
nicht einmal gewann er,
alle zwölf verlor er an die andern.
Er weinte.
Er war noch ärmer als vorher.   Irmela Wendt

Wenn mein Vater mit mir geht

Wenn mein Vater mit mir geht,
dann hat alles einen Namen,
Vogel, Falter, Baum und Blume.
Wenn mein Vater mit mir geht,
ist die Erde nicht mehr stumm.

Kommt die Nacht und kommt das Dunkel,
zeigt mein Vater mir die Sterne.
Er weiß, wie die Menschen leben,
weiß, was recht und unrecht ist,
sagt mir, wie ich werden soll.

Josef Guggenmos

Das böse Wort

Wie fing es an?
Wer ist schuld daran?
Du oder ich oder das böse Wort?
Aber bitte, geh nicht fort!
Willst du die Marke aus Portugal
oder lieber den blauen Ball?

Laß mich nicht allein!
Ich geb dir auch den Stein,
den Zauberkasten
oder die goldenen Quasten,
sogar meinen Indianerhut,
aber bitte, sei wieder gut.   Max Bollinger

Das Ferngespräch

Ein Mensch spricht fern, geraume Zeit,
mit ausgesuchter Höflichkeit,
legt endlich dann, mit vielen süßen
Empfehlungen und besten Grüßen
den Hörer wieder auf die Gabel –
doch tut er nochmal auf den Schnabel
(nach all dem freundlichen Gestammel)
um dumpf zu murmeln: Blöder Hammel!
Der drüben öffnet auch den Mund
zu der Bemerkung: Falscher Hund!
So einfach wird oft auf der Welt
die Wahrheit wieder hergestellt.

Eugen Roth

Der Brief

Es kommt von mir,
es geht zu dir.
Es ist kein Mensch,
es ist kein Tier.
Es ist nur dies:
ein Stück Papier.

Ein Stück Papier,
jedoch es spricht.
Es bringt von mir
dir den Bericht:
Ich hab dich lieb,
vergiß mich nicht.

Josef Guggenmos

Das kleine Wort

Ein kleines Wort – du kennst es kaum –
hat sich versteckt auf einem Baum.
Da wollt es lieber bleiben
als bei den Menschen leiden.

Die Menschen groß
und auch ganz klein,
die fanden dieses Wort nicht fein.
Sie wollten es nicht haben
und lieber es vergraben.

Das Wort war ihnen ein Verdruß.
Es war auch lästig, kein Genuß.
So wollten sie es töten.
Das Wort war sehr in Nöten.

Ganz heimlich, ohne viel Geschrei,
lief es schnell weg. Jetzt ist es frei.
Hier zwischen grünen Blättern
da kann es fröhlich klettern.

Die Vögel wunderten sich sehr.
Ein kleines Wort – wo kommt das her?
Sie übten es zu singen
Nun fing es an zu klingen.

Im Garten stand ein alter Mann
und hörte sich die Vögel an.
Du siehst ihn hier,
er guckt sehr froh.
Die Vögel jubilieren so.
,,Habt Dank", rief laut der alte Mann,
,,fangt mir das Lied von vorne an!"

Das kleine Wort, so gut versteckt,
es fühlte plötzlich sich entdeckt.
Nun muß es sich entscheiden:
Soll es im Baume bleiben?

Doch ohne ,,Danke" in der Welt
wär's um den Menschen schlecht bestellt.
So sprang es von dem Ast,
auf dem es grade saß,
hinunter zu dem alten Mann. –

Fängt alles nun von vorne an?

Inge Behr

Ostern

Noch immer ist alles wie gestern.
Die Luft schmeckt noch immer nach Nebel,
und schwer liegt der Rauch auf dem Dach.
Ich stecke die Hand in die Tasche,
ich ziehe den Kopf in den Kragen
und sehe mich nicht nach dir um.
    Aber die Amsel, die Amsel
    sitzt auf dem First und flötet.

Ein Grashalm wächst grün aus dem Pflaster.
Der Mann vor der Krankenhauspforte
ist fröhlich. Nun darf er nach Haus.
Ich habe dich gestern beleidigt,
ich habe dich gestern geschlagen –
und war ich nicht gestern im Recht?
    Aber die Amsel, die Amsel
    sitzt auf dem First und flötet.

Ich laufe, ich will dich noch finden,
denn alles ist anders als gestern!
Da kommst du und gibst mir die Hand.

Ursula Wölfel

Es reift so viel Weizen

Es reift so viel Weizen in Kanada.
Wie viele macht er satt
von den schönen braunhäutigen Kindern da,
in Bombay und Heiderabad.
　Doch wird er für sie nicht gemahlen.
　Sie können ihn nicht bezahlen.

Es reifen auf Erden die Früchte am Baum
mit duftenden Blüten im Mai.
Doch sahen so viele die Früchte kaum
in Chile und Paraguay.
　Viel Früchte so hoch aufgeschichtet,
　sie werden von Menschen vernichtet.

Wir haben die Frucht und das Korn angebaut
und reich gemacht Garten und Feld.
Doch es hungern in Bagdad und Hadramaut
noch immer die Kinder der Welt.
　Wir könnten den Hunger schon heilen.
　Nur müßt' man besser verteilen.

James Krüss

Der Frieden

Die Angst vor Streit und Haß und Krieg
läßt viele oft nicht ruhn.
Doch wenn man Frieden haben will,
muß man ihn selber tun.

Der Frieden wächst, wie Rosen blühn,
so bunt, so schön und still.
Er fängt bei uns zuhause an,
bei jedem, der ihn will.

Vom Frieden reden hilft nicht viel,
auch nicht, daß man marschiert.
Er kommt wie Lachen, Dank und Traum,
schon wenn man ihn probiert.

Man braucht zum Frieden Liebe,
natürlich auch Verstand,
und wo es was zu heilen gibt:
jede Hand.

Eva Rechlin

Zum Muttertag

Wir wären nie gewaschen
und meistens nicht gekämmt,
die Strümpfe hätten Löcher,
und schmutzig wär das Hemd,
wir äßen Fisch mit Honig
und Blumenkohl mit Zimt,
wenn du nicht täglich sorgtest,
daß alles klappt und stimmt.
Wir hätten nasse Füße
und Zähne schwarz wie Ruß
und bis zu beiden Ohren
die Haut voll Pflaumenmus.
Wir könnten auch nicht schlafen,
wenn du nicht noch mal kämst
und uns, bevor wir träumen,
in deine Arme nähmst.
Und trotzdem! Sind wir alle
auch manchmal eine Last:
Was wärst du ohne Kinder?
Sei froh, daß du uns hast!

Eva Rechlin

Komisch:

De Wänd in de Wohnungen und in de Zimmer
wern in de Häuser scheins allerwei dünner.
Ma hört de Nachbarn beim Redn und Lacha,
beim Badn, beim Gschirrspuin, bei allem, was
        macha.
An Radio, Fernseher, alls hört ma rüber
und de andern de hörn dafür nüber.
Und trotzdem, obwohl's so dünn san de Wänd
hört ma heutzutag doch oft so wenig von drent.
Wenn der Nachbar in Not is und wenns eahm
        schlecht geht,
wenn er Angst hat und wenn er alloa bloß
        dasteht,
wenn er krank is und arm und wenn'sn recht
        schlaucht,
ma hört'n kaum ruafa, wenn er uns braucht.
Drum glaub i, s'is Zeit, daß ma uns mal drauf
        bsinna,
warum d'Wänd zwischen uns zwar allerwei
        dünner,
de Mauern aber vorm Herz dicker wern
und mia unsern Nächstn net segn mehr und hörn.

Helmut Zöpfl

Ein Freund ist jemand, der dich gern hat

Ein Freund ist jemand,
der dich gern hat.
Es kann ein Junge sein.
Es kann ein Mädchen sein.
Oder eine Katze,
Oder ein Hund.
Oder gar eine weiße Maus.

Manchmal erkennst du deine Freunde nicht,
auch wenn sie bei dir sind die ganze Zeit.
Du gehst an ihnen vorbei
und siehst nicht, wie gern sie dich haben
auf ihre Art.

Und wenn du dann denkst,
du hast keine Freunde,
dann mußt du innehalten
und dich besinnen,
ob dich nicht jemand angelächelt hat
auf seine Art.
Freunde mußt du eben manchmal suchen.

Manche haben viele, viele Freunde.
Manche haben ein paar Freunde.

Aber jeder,
jeder in der ganzen weiten Welt,
hat bestimmt einen Freund.

Hast du deinen gefunden?

Joan Walsh Anglund (gekürzt)

Alt und jung

Auf ara Bank im Flaucher drunt
da hockan staad in aller Ruah
zwoa alte Rentner scho zwoa Stund
und schaun de Buam beim Fuaßballn zua.
De renna, hupfa kreuz und quer
mit eahnara Buamakraft.
„Mei", moant oa Rentner, „schau nur her,
wia des a Mensch bloß schafft.
Zwoa Stundn spuins in oaner Tour
und wern net müad. Respekt!
Daad i des 5 Minutn nur,
i glaub, i waar vom Fenster weg!"
Zur selben Zeit fast moant oa Bua
zum andern: „Siehgst de Männer dort!
De zwoa schau i zwoa Stund scho zua
wias allerwei am selbn Ort
auf eahnam Bankerl hockan staad
und se net rüahrn von eahnam Fleck.
Net amal fünf Minutn grad
daad i des schaffa, glaubst, Respekt!"

Helmut Zöpfl

A Freund

Jemand, der da is, wenn man grad braucht,
mit dem ma redn kann, wenn's oan recht
schlaucht,
der Zeit für di hat, wenn's grad is, jederzeit
und der zu dir steht in Freud und in Leid,
der gern mit dir froh is, der gern mit dir lacht,
der aa a jede Gaudi mitmacht
und wenn dann amal ringsum alls zsammfallt,
net auslaßt und jetz erst recht zu dir halt,
jemand, der wo, wia's aa lauft, wia's aa steht,
durch dick und durch dünn für di oiwei geht,
a Mensch, auf den ma totsicher baut,
vor dem ma aa denka derf sogar laut
– wannst so jemand kennst, paß auf auf den
schwaar,
denn des is a Freund, und a Freund, der is rar.
An Freund kannst net kaufa für no so vui Geld,
an Freund, den muaßt suacha wia sonst nix auf
der Welt.

Helmut Zöpfl

Was werden wir schenken?

Was schenken wir Mutter?
Ein seidenes Tuch!
Was schenken wir Vater?
Ein kluges Buch!
Was schenken wir Peter?
'nen hölzernen Schimmel!
Das Baby im Körbchen
bekommt eine Bimmel!
Was kriegt unsre Oma?
Ich glaub, sie liebt Seife!
Und Opa bekommt
guten Tabak zur Pfeife.
Und Ruth, das Kusinchen,
bekommt ein Kaninchen
aus zartweißer Wolle
und Karlchen „Frau Holle"
mit bunten Bildern,
die das Märchen schildern.
Für Tante Sabinchen
gibt's süßes Konfekt,
denn sie hat schon immer
so gerne geschleckt.
Wir schlachten das Sparschwein,
das ist ja nicht schwer,
und zählen die Zehner:
drei Mark und nicht mehr!
Das wird wohl nicht reichen!
Was kann man bloß machen?
Am besten aus Farbe und Bast
schöne Sachen!

Drum woll'n wir die ganze
Geschenkliste streichen
und machen für alle – Lesezeichen.

Christel Süßmann

Was du teilen kannst

Wenn du klein bist,
den Apfel und das Brot.
Wenn du größer bist,
die Freude und die Not.

Dich selber?
Nie!
Aber die Liebe,
von der du lebst:
Weißt du wie?

Max Bollinger

Unser Tag

Morgengebet

O wunderbares, tiefes Schweigen,
wie einsam ist's noch auf der Welt!
Die Wälder nur sich leise neigen,
als ging der Herr durchs stille Feld.

Ich fühl mich recht wie neu geschaffen,
wo ist die Sorge nun und Not?
Was mich noch gestern wollt erschlaffen,
ich schäm mich des im Morgenrot.

Die Welt mit ihrem Gram und Glücke
will ich, ein Pilger, frohbereit
betreten nur wie eine Brücke
zu dir, Herr, übern Strom der Zeit.

Und buhlt mein Lied, auf Weltgunst lauernd,
um schnöden Sold der Eitelkeit:
zerschlag mein Saitenspiel und schauernd
schweig ich vor dir in Ewigkeit.

Joseph Freiherr von Eichendorff

Die Reise der Sonne

Wenn die Sonne ihre Strahlen
morgens durch das Fenster schießt,
daß sie deine Nase kitzeln,
bis du, halb im Schlaf noch, niest,
hat sie eine lange Reise
stets schon hinter sich gebracht;
die beginnt, wenn du noch schlummerst,
fern im Osten und bei Nacht.
Liegst du noch in schönsten Träumen,
fängt die Sonnenfahrt schon an,
langsam rollt sie über China
zur Türkei, zum Muselmann,
läßt die Mongolei im Rücken,
war in Rußland, in Tibet,
sah Arabien und Indien
– bis sie hier am Himmel steht.
Und gehst du am Abend schlafen,
reist sie weiter durch die Welt,
klettert westwärts hinterm Walde,
hinterm Berge oder Feld
flugs in einen andern Himmel
– den von Kuba und Peru –
und weckt dort die Indianer,
und die niesen dann wie du.

Eva Rechlin

3 x 3 an einem Tag

Die Sonne ging auf, der Tag begann,
da fingen drei Hähne zu krähen an,
da bliesen drei Jäger auf Hörnern.

Da streckten drei Katzen die Glieder aus,
da schauten drei Mäuse zum Fenster heraus,
da suchten drei Hühner nach Körnern.

Die Sonne stieg weiter ins Himmelszelt,
da kamen drei Füchse über das Feld,
da flohen drei Hühnchen und Hähnchen.

Da schlüpften drei Katzen ins Mausehaus,
da sprangen drei Mäuse vor Graus hinaus,
da weinten die Mäuse drei Tränchen.

Die Sonne stand strahlend am Himmelsplan,
da kamen drei struppige Hunde an,
da rannten drei Füchse ins Häuschen.

Da rannten drei Füchse ins Mausehaus,
da sprangen drei Katzen vor Schreck hinaus,
da lachten von ferne drei Mäuschen.

Die Sonne ging weiter den alten Gang,
da kamen drei Jäger das Feld entlang,
da bebten drei struppige Hunde.

Da krochen drei Hunde ins Mausehaus,
da schossen drei Füchse wie Blitze heraus,
da machten drei Jäger die Runde.

Die Sonne schien weiter auf groß und klein,
da fingen drei Jäger die Hunde ein
und gingen mit ihnen von dannen.

Da sagten drei Katzen: Gut Nacht, miau!
Da schlüpften drei Füchse in ihren Bau
im Walde unter drei Tannen.

Die Sonne ging unter, der Tag verschied,
da sangen drei Hähne das Abendlied,
da lagen drei Hunde an Ketten.

Da schliefen drei Hühner in ihrem Schlag,
da piepten drei Mäuse: Was für ein Tag!
und sanken erschöpft in die Betten.

James Krüss

Sommertag

Lustig, kleine Schäfchenwolken,
jagen sich in blauer Höh',
und der Enten frohe Scharen,
tummeln munter sich im See.

Jubelnd, tausend Vogelstimmen,
tönen klangvoll im Konzert,
und der Wind hält stille inne,
während laut ihr Lied noch währt.

Gleißend, helle Sonnenstrahlen,
lassen Menschen und Natur,
einen Teil der Schöpfung ahnen,
in des Sommertages Flur.

Oskar Stock

Gut Nacht

Gut Nacht, schlaf guat, pfüa Gott für heut.
I muaß schee langsam geh.
Vorüber geht die schönste Zeit,
denn d'Zeit bleibt nia net steh.

Ins Meer nei fliaßt a jeder Fluß,
jeds Blattl fallt vom Baum.
Mit allem is amal wann Schluß,
z'end geht jeder Traum.

Aus Tag werd Nacht, aus gestern heut,
nix bleibt für oiwei jung.
Glück, Ärger, Traurigkeit und Freud
bleibn bloß Erinnerung.

Und san de Wolkn no so grau
und schaugts nach Regn aa aus,
der Himme is dahinter blau
und bald spitzt d'Sonna raus.

Wer suacht, der findt in allem drin
zu jeder Zeit und Stund
a wengerl Glück, a wengerl Sinn,
und d'Welt werd hell und bunt.

Der Tag war guat, jetzt geht er z'end.
Nix bleibt, als muaß vergeh.
I gib'n zruck in deine Händ
und sag: i dank dir schee.

Helmut Zöpfl

Mond überm Dorf

Der Mond steht klar am Himmi,
der Wind plauscht mit de Baam,
beim Postwirt drunt, der Schimmi,
der scharrt und schnauft im Traam.

D'Turmuhr schlagt langsam zehni
und summt a Zeitlang nach;
es wedaleucht a weni
beim Hügl enterm Bach.

Am Friedhof drent, de Stoana,
san wia-r-a Herd'n Schaf.
Der Kirchturm, kunnt ma moana,
der hüat' jetzt eahnern Schlaf.

Wia staad, daß s' z'sammaloahna,
daß ja koam ebbas g'schiacht.
De Nama auf de Stoana,
de stehnga ganz im Liacht.

J. M. Lutz

Abendlied

Augen, meine lieben Fensterlein,
gebt mir schon so lange holden Schein,
lasset freundlich Bild um Bild herein:
Einmal werdet ihr verdunkelt sein.

Fallen einst die müden Lider zu,
löscht ihr aus, dann hat die Seele Ruh;
tastend streift sie ab die Wanderschuh,
legt sich auch in ihre finstre Truh.

Noch zwei Fünklein sieht sie glimmend stehn
wie zwei Sternlein, innerlich zu sehn,
bis sie schwanken und dann auch vergehn,
wie von eines Falters Flügelwehn.

Doch noch wandl' ich auf dem Abendfeld,
nur dem sinkenden Gestirn gesellt:
Trinkt, o Augen, was die Wimper hält,
von dem goldnen Überfluß der Welt!

Gottfried Keller

Und schlafe schön

Es war einmal,
ist immer noch,
ein Berg sehr hoch,
ein tiefes Loch,
dort oben,
unten schwamm,
nein, lief
ein Tier,
ein Mensch,
nicht Frau,
nicht Mann,
das alles
oder gar nichts kann.
Bestimmt,
vielleicht,
kennst du
das Ding,
den Namen
oder auch den Sinn.
Sobald du wach
im Schlafe liegst,
da kommt er,
geht es,
bleibt sie stehn.
Nun, gute Nacht.
Und schlafe schön.

Lisa Loviscach

Abendlied

Warum, ach sag, warum
geht nun die Sonne fort?
Schlaf ein, mein Kind, und träume sacht,
das kommt wohl von der dunklen Nacht,
da geht die Sonne fort.

Warum, ach sag, warum
wird unsere Stadt so still?
Schlaf ein, mein Kind, und träume sacht,
das kommt wohl von der dunklen Nacht,
weil sie dann schlafen will.

Warum, ach sag, warum
brennt die Lampe so?
Schlaf ein, mein Kind, und träume sacht,
das kommt wohl von der dunklen Nacht,
da brennt sie lichterloh!

Warum, ach sag, warum
gehn manche Hand in Hand?
Schlaf ein, mein Kind, und träume sacht,
das kommt wohl von der dunklen Nacht,
da geht man Hand in Hand.

Warum, ach sag, warum
ist unser Herz so klein?
Schlaf ein, mein Kind, und träume sacht,
das kommt wohl von der dunklen Nacht,
da sind wir ganz allein.

Wolfgang Borchert

Wiegenlied für bayerische Buzln

Schlaf, Dirndl, schlaf!
Dei Bärle is scho' brav.
Der Mond scheint in dei Betterl nei
und legt a silberns Ketterl nei, –
schlaf, Dirndl, schlaf!

Schlaf, liaba Bua!
De Äugerl mach schön zua.
Im Hof hint schreit a Miezekatz,
die Haustür achzert ritzeratz, –
schlaf, liaba Bua!

Staad, Dirndl, staad!
A Winderl hat bloß gwaht!
Es schaukelt's Kleidel aufm Strick,
auf di wart noch a Haufen Glück –
staad, Dirndl, staad!

Traam, Büaberl, traam
von Milli und von Rahm!
Bald kraht da bunte Gocklhahn,
na spielst mit deiner Bockerlbahn –
traam, Büaberl, traam!

Pst! Kloane Maus,
de Kerz'n blas ma aus!
De Ticktack wischt die Stunden weg,
da Zoaga geht sein runden Weg, –
pst! kloane Maus!

Bua, draah di um!
Der Sandmann geht durch d'Stub'n.
Der Sand, den wo er bringen tuat,
is in am kloana Fingahuat, –
Bua, draah di um!

Schlafts all'mitnand
im ganzen Bayernland!
Der Vatta, der im Himmi wohnt,
der über alle Wolken thront,
halt über euch sei Hand!

Herbert Schneider

Abendlied

Der Mond ist aufgegangen;
die goldnen Sternlein prangen
am Himmel hell und klar;
der Wald steht schwarz und schweiget,
und aus den Wiesen steiget
der weiße Nebel wunderbar.

Wie ist die Welt so stille
und in der Dämmrung Hülle
so traulich und so hold.
Als eine stille Kammer,
wo ihr des Tages Jammer
verschlafen und vergessen sollt.

Seht ihr den Mond dort stehen?
Er ist nur halb zu sehen,
und ist doch rund und schön!
So sind wohl manche Sachen,
die wir getrost belachen,
weil unsre Augen sie nicht sehn.

Wir stolze Menschenkinder
sind eitel arme Sünder
und wissen gar nicht viel.
Wir spinnen Luftgespinste
und suchen viele Künste
und kommen weiter von dem Ziel.

Gott, laß uns dein Heil schauen,
auf nichts Vergänglichs trauen,
nicht Eitelkeit uns freun!
Laß uns einfältig werden
und vor dir hier auf Erden
wie Kinder fromm und fröhlich sein!

Wollst endlich sonder Grämen
aus dieser Welt uns nehmen
durch einen sanften Tod!
Und, wenn du uns genommen,
laß uns in Himmel kommen,
du unser Herr und unser Gott!

So legt euch denn, ihr Brüder,
in Gottes Namen nieder;
kalt ist der Abendhauch.
Verschon uns, Gott, mit Strafen,
und laß uns ruhig schlafen!
Und unsern kranken Nachbar auch!

Matthias Claudius

Ein neuer Morgen

Tau liegt auf den zarten Gräsern,
dunstig naht der junge Tag,
silbern glänzt das Spinngewebe
von der Feuchtigkeit Belag.

Fern singt lauthals eine Amsel,
gleißend ist der Sonne Strahl,
Helligkeit erweckt die Erde
und die Menschen allzumal.

Licht ist Sinnbild allen Lebens,
wärmend strahlt des Himmels Blau,
und es stellt ein neuer Morgen
seine Herrlichkeit zur Schau.

Oskar Stock

Von Gott, vom Hoffen und Beten

Eine Blume, eine Wolke, ein Stein

Eine Blume, eine Wolke, ein Stein,
Trauben, gekeltert zu Wein,
Erde und Regen und Schnee,
im Wald der Vogel und das Reh,
auch die kleine Maus und der Wurm,
der Tag und die Nacht und der Sturm,
auf dem Meer ein Schiff in Not,
Vater, Mutter und das Brot,
der alte Mann am Weg,
der Himmel über dem Steg,
Sonne, Mond und Stern,
im Apfel der Kern,
in der Wiege das Kind,
ob alle Gottes Werke sind?

Max Bollinger

Gebet

Herr, ich werfe meine Freude
wie Vögel an den Himmel.
Die Nacht ist verflattert,
und ich freue mich am Licht.
Herr, ich bin fröhlich heute, am Morgen.
Ich fühle meinen Körper und danke.
Herr, ich freue mich an der Schöpfung.
Und daß Du dahinter bist
und daneben und davor
und darüber und in uns.
Herr, ich werfe meine Freude
wie Vögel an den Himmel.
Ein neuer Tag. Jeden Tag machst Du.
Du zählst jeden Tag.
Hallelujah, Herr, Hallelujah!

Gebet junger afrikanischer Christen

Was du nicht sehen kannst

Was du atmest, die Luft,
von einer Rose den Duft.
Aus der Erde die Kraft,
die Süße vom Apfelsaft.
Die Schmerzen des Kranken,
deine Gedanken,
dein guter Wille
und die Stille.

Gott ist da,
im Unsichtbaren nah.

Max Bollinger

Was zagst du, Seele?

Eine Taube auf dem Dache
trinkt den Regen ohne Bangen;
stürzt das Dach, so wird sie fliegend
eine andre Rast erlangen.

Löscht das Licht des Löwenzahnes
eines Abendwindes Wehen,
werden hundert Lichtersamen
eingestreut und auferstehen.

Und ein Korn, vom Stein zerrieben,
wird zum Staube, wird zum Mehle,
wird zum Brot, der Ärmsten Speise,
wird Gebet. Was zagst du, Seele?

Ruth Schaumann

Weil du da bist . . .

Weil du da bist, ist nix verlorn in der Welt:
Koa Blattl, des umasonst wo vom Baum
runterfällt,
Koa Lied, des a Vogerl umasonst singt,
koa Ton und koa Laut, der einfach verklingt.

Koa Blütn, koa Bluma verwelkt ohne Sinn.
Koa Bach und koa Fluß verrinnt bloß wohin.
Koa Woana, koa Lächeln, koa Bitt, koa Gebet,
es gibt nix, was einfach bloß sinnlos vergeht.
Jedes Hoffen und Sehnen, jeder Wunsch,
jeder Traum
hat in dir drin sei Ziel, sein Ort und sein Raum.
Weil du da bist, ist alles geborgen was ist
und mir is net angst mehr, mein Gott,
weil du bist.

Helmut Zöpfl

Trost

Unsterblich duften die Linden –
Was bangst du nur?
Du wirst vergehn, und deiner Füße Spur
wird bald kein Auge mehr im Staube finden.
Doch blau und leuchtend wird der Sommer stehn
und wird mit seinem süßen Atemwehn
gelind die arme Menschenbrust entbinden.
Wo kommst du her? Wie lang bist du noch hier?
Was liegt an dir?
Unsterblich duften die Linden –

Ina Seidel

Das ist die Erde

Das ist die Erde,
kugelrund und dick,
mit Land und Meer,
mit Berg und Tal,
mit Städten, Schnee und Wäldern.
So wie sie fliegt
durch Nacht und Tag,
ein Stern wie alle andern.

Elisabeth Borchers

Das Wasser

Vom Himmel fällt der Regen
und macht die Erde naß,
die Steine auf den Wegen,
die Blumen und das Gras.

Die Sonne macht die Runde
in altgewohntem Lauf
und saugt mit ihrem Munde
das Wasser wieder auf!

Das Wasser steigt zum Himmel
und wallt dort hin und her.
Da gibt es ein Gewimmel
von Wolken grau und schwer.

Die Wolken werden nasser
und brechen auseinand',
und wieder fällt das Wasser
als Regen auf das Land.

Der Regen fällt ins Freie,
und wieder saugt das Licht,
die Wolke wächst aufs neue,
bis daß sie wieder bricht.

So geht des Wassers Weise:
Es fällt, es steigt, es sinkt
in ewig-gleichem Kreise,
und alles, alles trinkt!

James Krüss

Alle Wege sind offen,
keine Grenzen sind dort,
Gewalt, Unterdrückung
ist ein unbekannt's Wort.

Kein Mensch mehr muß hungern,
für alle gibts Brot,
keine Armut, kein Leid,
kein Schmerz, keine Not.

Die Traurigkeit lebt
als Erinnerung nur,
wo man hinschaut, nur Leben,
von Sterben keine Spur.

Keine Unruh, keine Hetze
in dem Land weit und breit,
das Glück schaut auf die Uhr nicht
und alles hat Zeit.

Jede Hoffnung wird wahr,
es erfüllt sich Vertraun,
denn Gott wohnt bei uns,
wohnt gleich hinterm Zaun.

Wir hoffen ganz fest
und glauben daran,
daß das Land irgendwann
mal wirklich sein kann.

Wir helfen zusammen
und baun miteinand
mit Ihm, der uns hilft
jeden Tag aus dem Land.

Bitte zeig uns das Land,
bitte zeig uns, wo's liegt.
Ich glaub fest, das dies irgendwo
irgendwann gibt.

Helmut Zöpfl

Bitte zeig uns das Land . . .

Bitte zeig uns das Land,
bitte zeig uns, wo's liegt.
Ich glaub fest, daß dies irgendwo
irgendwann gibt.

Dort atmet sichs leicht,
nichts welkt, alles ist grün.
Die Welt kennt nur Leben
und kennt kein Verblühn.

Kein Krieg hält in Angst
die Menschheit dort fest.
In Kanonen baun Schwalben
und Spatzen ihr Nest.

Man lächelt und freut sich,
wenn man sich sieht,
weil kein Neid und kein Argwohn
mehr zwischen uns liegt.

Es werd scho wieder wern

Jede Wolkn ziagt mal weiter,
und de Sonn spitzt wieder raus.
Nix hängt bloß nach oaner Seitn,
aa des Ärgste is mal aus.

Nimm as Lebn net gar so tragisch.
Dua da d'Zeit net bloß verderbn.
Lach und sei a wengerl lusti:
Aa der Traurige muaß sterbn.

In am no so dunkln Keller
leucht amal a Liachtl nei.
Und du woaßt: Auf jedn Winter
kimmt bestimmt der nächste Mai.

Sieg net oiwei bloß as Schlechte.
's werd scho wern, is aa net glei.
Und was Bessers wiaran Tod, woaßt,
findst bestimmt no allerwei.

Dua aus allm as Beste macha,
dua net oiwei glei verzagn
„'s geht scho aufwärts" hat der Spatz gsagt,
den d'Katz am Baam hat aufetrang.

Mal dir selber bunte Tupfer
nei ins Leben, wenn's grad recht fad.
„' werd schon liachter", hat der sell gmoant,
wia der Sturm's Haus abdeckt hat.

Helmut Zöpfl

Hoffnung

Is des net pfundig, daß jeds Jahr
des, was im Winter abgstorbn war,
im Fruahjahr wieder treibt und blüaht
und s'Alte wieder neu se rüahrt?

Is des net pfundig, ohne Gspaß,
daß auf das Lebn is Verlaß?
Is aa der Winter no so schwaar,
er ziagt an kürzern Jahr für Jahr.

Is des net pfundig, daß a Kraft
in allem wirkt und treibt und schafft
und ausm Totn über Nacht
alls wieder ganz lebendig macht?

Versuch's zu glaubn, daß jedes End
zu neuem Anfang se hinwend',
daß des, was guat is, net vergeht
und daß am End as Lebn steht!

Helmut Zöpfl

Sieh nicht, was andre tun

Sieh nicht, was andre tun,
Der andern sind so viel.
Du kommst nur in ein Spiel,
Das nimmermehr wird ruhn.

Geh einfach Gottes Pfad,
Laß nichts sonst Führer sein,
So gehst du recht und grad,
Und gingst du ganz allein.

Christian Morgenstern

Morgengebet für Kinder

Die Sonne schon den Tag erhellt
und schenkt aufs neue uns die Welt.
Ich atme tief, ich bin erquickt.
Gott hat mir einen Traum geschickt.
Ich laufe in das schöne Licht
und wasch darin mein Angesicht.
Gott, du bist groß, Gott, du bist gut,
bewege wie das Meer mein Blut
und laß mein Auge sonnig sein
und wie das Wasser: wahr und rein.
Fang an, o Tag, in Gottes Namen
und wachse, leuchte, sinke. Amen.

Stefan Andres

Gebet für Kinder

Manche Kinder sind gelb und manche schwarz,
doch ich bin weiß.
Manche Kinder sind braun und manche rot,
doch ich bin weiß.
Aber ich bin nicht besser als sie
und sie sind nicht besser als ich,
wir sind alle Kinder von dir, lieber Gott.
Hilf uns, daß wir uns nicht hassen!
Hilf uns, daß wir uns verstehen!
Hilf uns, daß wir uns lieben!

Ilse Kleberger

Gebet

Herr! schicke, was du willst,
ein Liebes oder Leides;
ich bin vergnügt, daß beides
aus deinen Händen quillt.

Wollest mit Freuden
und wollest mit Leiden
mich nicht überschütten!
Doch in der Mitten
liegt holdes Bescheiden.

Eduard Mörike

Gebet

Du, der über allem wacht,
Leicht die Erde rollt in Händen:
Diesen Tag laß leise enden,
Gib mit eine gute Nacht!

Gott, du weißt, was ich ertrug
Niemals bat ich dich um Gnaden,
Ging mit meinem Leid beladen,
War mir selber stark genug.

Doch laß heut mit meiner Last
Nah mich deinen Füßen betten,
Um dies Stäubchen Glück zu retten,
Das du mir gegeben hast.

Eugen Roth

Die Zeit, das Jahr

Des Jahres Kreis

1. Die Luft ist kalt, der Himmel klar,
es knirscht der Schnee im Januar.
Der Februar geht rasch vorbei
mit Trubel, Tanz und Narretei.

2. Im März sagt sich der Frühling dann
mit Veilchen, Krokus, Primeln an.
Und stürmt und schneit's auch im April,
der Frühling schafft doch, was er will.

3. Es lacht der schöne Monat Mai
uns Blumen, Gras und Laub herbei.
Der Juni lockt uns aus dem Haus
zum Wandern in die Flur hinaus.

4. Des Jahres schönste Ferienzeit
beschert der Juli weit und breit.
Beim Baden brennt uns im August
der Buckel braun und braun die Brust.

5. September lädt zur Ernte bald
uns ein in Garten, Feld und Wald.
Und dem Oktober, bunt belaubt,
wird schnell der schöne Schmuck geraubt.

6. Mit Regen und mit Sturmgebraus
zwingt der November uns ins Haus.
Dezember bringt Adventsgesang
und hellen Weihnachtsglockenklang.

F. A. Blumau

April

Wie der Südwind pfeift,
In den Dornbusch greift,
Wie der Regen stürzt
Und den Garten würzt
Und den ersten Frühling gießt!

Plötzlich säumt der Wind,
Und der Regen rinnt
Spärlich aus dem Wolkensieb.
Und die Mühle dreht
Langsam sich und steht,
Die noch eben mächtig trieb.

Schießt ein Sonnenblick
Über Feld und Knick,
Wie der Blitz vom Goldhelm huscht
Und auf Baum und Gras
Schnell im Tropfennaß
Tausend Silbertüpfel tuscht.

Wieder dann der Süd,
Immer noch nicht müd,
Zornt die Welt gewaltig an.
Und der Regen rauscht,
Und der Garten lauscht
Demütig dem wilden Mann.

Meiner Schulter dicht
Lehnt dein hold Gesicht,
Kennst das alte Wort,
Ewig währt das fort:
Regen tauscht und Sonnenschein.

Detlev von Liliencron

Die Zeit vergeht

Dein Schneemann aus dem Januar
lebt sicher nicht das ganze Jahr.
Die Zeit vergeht.

Die Fastnacht bringt der Februar,
gesell dich zu der Narrenschar.
Die Zeit vergeht.

Und kommt die Märzensonn' heraus,
pack deine Rollschuh' wieder aus.
Die Zeit vergeht.

Bau im April ein weiches Nest,
denn er bringt uns das Osterfest.
Die Zeit vergeht.

Sag deinem Lehrer doch im Mai,
die Ausflugzeit käm nun vorbei.
Die Zeit vergeht.

Was soll dir denn der Juni bringen?
Im Freibad schwimmen, planschen, springen.
Die Zeit vergeht.

Der Juli ruft: Kommt all herbei,
denn jeder Kirschbaum hält euch frei!
Die Zeit vergeht.

Laß im August die Schule leer
und fahre weg, vielleicht ans Meer.
Die Zeit vergeht.

Nutz die Septemberwinde aus,
hol deinen Drachen aus dem Haus.
Die Zeit vergeht.

Oktober schüttelt kostenlos
Kastanien dir in deinen Schoß.
Die Zeit vergeht.

Zünd an in der Novembernacht
Laternen, die du selbst gemacht.
Die Zeit vergeht.

Sei auch für andre stets bereit,
besonders in der Weihnachtszeit.
Die Zeit vergeht.

Muth Velthaus

Die Blätter an meinem Kalender

Die Blätter an meinem Kalender,
die sind im Frühling klein
und kriegen goldene Ränder
vom Märzensonnenschein.

Im Sommer sind sie grüner,
im Sommer sind sie fest,
die braunen Haselhühner
erbaun sich drin ihr Nest.

Im Herbst ist Wolkenwetter,
und Sonnenschein wird knapp,
da falln die Kalenderblätter,
bums, ab.

Im Winter, wenn die Zeiten hart,
hat es sich auskalendert.
Ich sitze vor der Wand und wart,
daß sich das Wetter ändert.

                    Peter Hacks

Jahreslauf

Der Frühling treibt und läßt entstehn,
läßt keimen, neues Leben sehn.
Des Sommers Sonne dann verschafft
dem jungen Leben letzte Kraft.
Der Herbst zeigt in der Ernte Pracht,
das was der Frühling einst versprach.
Der Winter gibt dem Leben Zeit,
gibt Ruhe und Geborgenheit,
damit der Frühling wieder dann
ein neues Leben wecken kann.
                    Helmut Zöpfl

Ein neues Jahr

Ein neues Jahr nimmt seinen Lauf.
Die junge Sonne steigt herauf.
Bald schmilzt der Schnee, bald taut das Eis.
Bald schwillt die Knospe schon am Reis.
Bald werden die Wiesen voll Blumen sein,
die Äcker voll Korn, die Hügel voll Wein.

Und Gott, der ewig mit uns war,
behüt' uns auch im neuen Jahr.
Und ob wir nicht bis morgen schauen,
wir wollen hoffen und vertrauen.
                    Volksgut

Frühling auf Vorschuß

Im Grünen ist's noch gar nicht grün.
Das Gras steht ungekämmt im Wald,
als sei es tausend Jahre alt.
Hier also, denkt man, sollen bald
die Glockenblumen blühn?

Die Blätter sind im Dienst ergraut
und rascheln dort und rascheln hier,
als raschle Butterbrotpapier.
Der Wind spielt überm Wald Klavier,
mal leise und mal laut.

Doch wer das Leben kennt, der kennt's.
Und sicher wird's in diesem Jahr
so, wie's in andern Jahren war.
Im Walde sitzt ein Ehepaar
und wartet auf den Lenz.

Man soll die beiden drum nicht schelten.
Sie lieben eben die Natur
und sitzen gern in Wald und Flur.
Man kann's ganz gut verstehen, nur:
sie werden sich erkälten!
                    Erich Kästner

Schneezauber

Schneeverhangen die Tannen,
brechend unter der Wucht –
Nebel spinnen und spannen
sich um Pfade und Schlucht.

Knackt ein Ast nur zuzeiten,
fern ein Vogelruf schallt –
sonst kein Laut in den Weiten,
im verzauberten Wald!

Lulu von Strauß und Torney

Wintersee

Ihr Fische, wo seid ihr
mit schimmernden Flossen?
Wer hat den Nebel,
das Eis beschossen?

Ein Regen aus Pfeilen,
ins Eis gesplittert,
so steht das Schilf
und klirrt und zittert.

Peter Huchel

Neujahrsnacht

Diese Nacht ist ein Fluß.
Mein Bett ist ein Kahn.
Vom alten Jahr stoße ich ab.
Am neuen lege ich an.
Morgen spring ich an Land.
Dies Land, was ist's für ein Ort?
Es ist keiner, der's weiß.
Keiner war vor mir dort.

Guggenmos

Hinterm Zaun

Die mageren Frühlingsbäume
Schütteln sich schnaubend im Wind,
Wie Esel ohne Zügel und Zäume,
Die kaum mehr zu halten sind.

Der Schnee beflaumt ihre Äste
Mit dünnem, krausem Haar,
So trappelt die benäßte,
Aufgeregte Eselschar.

Der Wind bewirft sie mit Körnern,
Wirft Hände voll Hagel auf sie.
Ihre Rinde, rauh und hörnern,
Knackt brechend um Fessel und Knie.

Die weißlichen Nüstern erhoben
Und die schlagenden Hufe pechbraun –
Sie wären davongestoben,
Wär nicht der Gartenzaun!

Georg Britting

Atmosphärische Konflikte

Die Bäume schielen nach dem Wetter.
Sie prüfen es. Dann murmeln sie:
,,Man weiß in diesem Jahre nie,
ob nu raus mit die Blätter
oder rin mit die Blätter
oder wie!"

Aus Wärme wurde wieder Kühle.
Die Oberkellner waren blaß
und fragten ohne Unterlaß:
,,Also, raus mit die Stühle
oder rin mit die Stühle
oder was?"

Der Lenz geht diesmal auf die Nerven
und gar nicht, wie es heißt, ins Blut.
Wer liefert Sonne in Konserven?
Na, günstigen Falles
wird doch noch alles
gut.

Erich Kästner

Frühlingsglaube

Die linden Lüfte sind erwacht,
Sie säuseln und weben Tag und Nacht,
Sie schaffen an allen Enden.
O frischer Duft, o neuer Klang!
Nun, armes Herze, sei nicht bang!
Nun muß sich alles, alles wenden.

Die Welt wird schöner mit jedem Tag,
Man weiß nicht, was noch werden mag,
Das Blühen will nicht enden.
Es blüht das fernste, tiefste Tal:
Nun, armes Herz, vergiß der Qual!
Nun muß sich alles, alles wenden

Ludwig Uhland

Er ist's

Frühling läßt sein blaues Band
Wieder flattern durch die Lüfte;
Süße, wohlbekannte Düfte
Streifen ahnungsvoll das Land.
Veilchen träumen schon,
Wollen balde kommen.
– Horch, von fern ein leiser Harfenton!
  Frühling, ja du bist's!
Dich hab ich vernommen!

Eduard Mörike

Der Zauberer im Frühling

Der in der Weidenhöhle wohnt,
Er schreitet im Nachmittagsmond,
Wenn leise die Flußmusik ertönt
Und den verschilften Weg verschönt.

Er schleift im Kreis den langen Rock,
Die Hand am krummen Wurzelstock,
Und wippt und wirft vom weidnen Ast
Die zeisiggrüne Vogellast.

Wie Hagel durch die Hecken klirrt,
Von blitzenden Libelln umschwirrt,
Steigt er durch Lattich und Geäst,
Die Enten jagend aus dem Nest!

Den Stock stößt er ins Muschelweiß,
Die Unke ruft im Wasserkreis.
Die Fische ziehn um seine Hand,
Löst er die Algen aus dem Sand.

Er bläst auf Gras, sein Lockruf schnalzt,
Im Rohr die Bekassine balzt.
Er hebt die Trommel aus dem Arm
Und paukt empor den Vogelschwarm.

Die Schritte tönen grillenlaut,
Und wiesenblütig raucht das Kraut,
Die Mückenwolke summt am Hang,
Wiegt er sich im Windzaubergang.

Um totes Holz geht er und pocht,
Die Grube alter Früchte kocht.
Die Wespen singen drüber wild,
Bis Harz und Honig süßer quillt.

Er teilt das Schilf, das Zittergras
Und schwingt den Mond, die Sichel blaß,
Und schlägt die Flamme der Salbei
Blau brennend in den Kuckucksschrei!

Zerstöbert weht das Blätterdach.
Die grüne Echse raschelt nach.
Ins Weidicht steigt er, wo er haust,
Laut paukend, daß der Wind erbraust.

Peter Huchel

Die Stare sind da!

Noch bläst der Wind von Böhmen her,
von Grönland und vom Weißen Meer,
die Wolken gehen tief und schwer
    voll Schnee –
    soso!

Doch plötzlich sind die Stare da,
die schwatzen, lachen laut: Haha,
der Frühling kommt! Er ist ganz nah!
    Hehe! Hurra!
    Hoho!

Die Stare sind bestimmt nicht dumm,
sie sind vergnügt und voll Gesumm,
sie wissen ganz genau, warum!
    Der Wind dreht um!
    Sei froh!

und kommt der Wind von Süden her,
von Afrika, vom blauen Meer,
dann ist das Leben nicht mehr schwer –
    es sei denn für den weißen Bär
    im Zoo!

Siegfried von Vegesack

Mai

Es kommt eine Zeit
da machen die Vögel Hochzeit

Nachtigall und Lerche
Zaunkönig und Sperling
Rotkehlchen und Amsel

Ein Lied fliegt zum andern
die Bäume tragen weite Kleider
der Wind läutet die Blumen
die Bienen haben goldne Schuhe

Frühjahr

Wenn i ausm Fenster lins
herobn vom dritten Stock,
sieg i im Frühjahr eppas Grüns
im Hof vom Mietshausblock.

Da steht a oida Hollerbaum
grad vor dem Rückgebäud;
und wenn 'n d' Sonna trifft aa kaum,
er treibt zur Frühjahrszeit.

Siegst eahm net o, wenn er so steht
im Winter, kahl de Ast,
daß er im Frühjahr aufersteht –
auf den da is Verlaß.

Helmut Zöpfl

An einem Mai-Morgen

Kommt, Kinder, wischt die Augen aus,
es gibt hier was zu sehen;
und ruft den Vater auch heraus . . .
Die Sonne will aufgehen! –

Wie ist sie doch in ihrem Lauf
so unverzagt und munter!
Geht alle Morgen richtig auf
und alle Abend unter!

Geht immer und scheint weit und breit
in Schweden und in Schwaben,
dann kalt, dann warm, zu seiner Zeit,
wie wir es nötig haben.

Von ungefähr kann das nicht sein,
das könnt ihr wohl gedenken;
der Wagen da geht nicht allein,
ihr müßt ihn ziehn und lenken.

So hat die Sonne nicht Verstand,
weiß nicht, was sich gebühret;
drum muß wer sein, der an der Hand
als wie ein Lamm sie führet.

Und der hat Gutes nur im Sinn,
das kann man bald verstehen:
Er schüttet seine Wohltat hin
und lässet sich nicht sehen;

und hilft und segnet für und für,
gibt jedem seine Freude,
gibt uns den Garten vor der Tür
und unsrer Kuh die Weide;

und hält euch Morgenbrot bereit
und läßt euch Blumen pflücken
und stehet, wenn und wo ihr seid,
euch heimlich hinterm Rücken,

sieht alles, was ihr tut und denkt,
hält euch in seiner Pflege,
weiß, was euch freut und was euch kränkt,
und liebt euch alle Wege.

Matthias Claudius

Die Tulpe

Dunkel
war alles und Nacht.
In der Erde tief
die Zwiebel schlief,
die braune.

Was ist das für ein Gemunkel,
was ist das für ein Geraune?
dachte die Zwiebel,
plötzlich erwacht.
Was singen die Vögel da droben
und jauchzen und toben?

Von Neugier gepackt,
hat die Zwiebel einen langen Hals gemacht
und um sich geblickt
mit einem hübschen Tulpengesicht.

Da hat ihr der Frühling entgegengelacht.

Josef Guggenmos

Der Zitronenfalter

Wenn der Schnee zerrinnt,
wenn der Frühling beginnt,
wenn die allerersten Veilchen blühn,
schwebt ein gelbes Ding
durch die Luft dahin,
wie eine Blume, so leuchtend und leicht:
ein Schmetterling.

Du siehst es
und freust dich
und wunderst dich sehr:
Der Zitronenfalter –
wo kommt er her?
Es hat gefroren,
es hat geschneit –
wo war er die lange Winterzeit?

Draußen im Wald,
in dem hohen Wald,
steht von Preiselbeerbüschen
ein winziger Wald.
In dem dichten Gezweig
saß er tief versteckt,
wochenlang von Schnee bedeckt,
von mir nicht, von dir nicht,
von niemand entdeckt.

Steif und still,
still und steif
saß er und schlief;
kein Toter schläft tiefer,
so schlief er, so tief,
bis der Frühling kam,
der ihn rief.

Josef Guggenmos

Sommerliches Gebet

Laß das Korn am Halm sich häufen
und die Frucht im Feld!
Laß das Heu der Wiesen reifen,
Herr der Welt!

Nimm das Vieh auf Deinen Weiden
unter Deine Hut
und die Hirten, die da leiden
in der Mittagsglut.

Laß die Winde leiser wehen
vor der Sonne Bild!
Laß den Regen niedergehen,
der die Brunnen füllt!

Führe uns auf jeder Straße
– Wiesenland und Stein –!
Aber laß nach Deinem Maße
uns zum Heil es sein!

Ohne dessen Plan vom Dache
nicht ein Sperling fällt,
schütze uns vor Ungemache,
Herr der Welt!

Rudolf Hagelstange

Der Mai

Im Galarock des heiteren Verschwenders,
ein Blumenzepter in der schmalen Hand,
fährt nun der Mai, der Mozart des Kalenders,
aus seiner Kutsche grüßend, über Land.

Es überblüht sich, er braucht nur zu winken.
Er winkt! Und rollt durch einen Farbenhain.
Blaumeisen flattern ihm voraus und Finken.
Und Pfauenaugen flügeln hinterdrein.

Die Apfelbäume hinterm Zaun erröten.
Die Birken machen einen grünen Knicks.
Die Drosseln spielen, auf ganz kleinen Flöten,
das Scherzo aus der Symphonie des Glücks.

Die Kutsche rollt durch atmende Pastelle.
Wir ziehn den Hut. Die Kutsche rollt vorbei.
Die Zeit versinkt in einer Fliederwelle.
O, gäb es doch ein Jahr aus lauter Mai!

Melancholie und Freude sind wohl Schwestern.
Und aus den Zweigen fällt verblühter Schnee.
Mit jedem Pulsschlag wird aus Heute Gestern.
Auch Glück kann weh tun. Auch der Mai tut
                         weh.

Er nickt uns zu und ruft: ,,Ich komm ja wieder!"
Aus Himmelblau wird langsam Abendgold.
Er grüßt die Hügel, und er winkt dem Flieder.
Er lächelt. Lächelt. Und die Kutsche rollt.

E. Kästner

Sommermittag

Jatzt halt der Summa Mittagsruah,
er liegt und schlaft im Gras.
A Hummi brummelt wo dazua –
i glaab, es traamt eahm was.

A Kornfeld loahnt si zu eahm hi,
wia an sein Vattan 's Kind.
Dees g'spürt er und da g'freut er si
und schnauft so lüfterllind.

Der Himmi spannt si blau und staad,
a Grilln geigt wo im Feld,
a Glockn schlagt, a Gockl kraht,
sunst hörst nix von der Welt.

Und ebbas stroaft die hoamli fei
als wia-r-a guate Hand.
I glaab, der Herrgott geht vorbei –
's Korn noagt sie tiaf im Land.

J. M. Lutz

Sommerhitze

Kinder, ist das eine Hitze!
Kinder ist das heute heiß!
Nur zwei Sachen gibt's,
die nützen:
Badengehen oder Eis.

Darum nur nicht lang gefackelt,
schnell die Badehose her!
Ist auch unser kleines
Schwimmbad
leider nicht das große Meer.

Morgen gehen wir wieder
baden –
und der Winter ist so weit!
Sonnenschein und
Wasserplantschen!
Herrlich ist die Ferienzeit!

Christel Süßmann

A weiße Wolkn . . .

A weiße Wolkn wandert weich und staad,
werd wenger und verfliagt weit hint.
I wandert mit und werd wia sie verwaht
verlier mi wia de Wolkn wo im Wind.

Helmut Zöpfl

Sommer

Weißt du, wie der Sommer riecht?
Nach Birnen und nach Nelken,
nach Äpfeln und Vergißmeinnicht,
die in der Sonne welken,
nach heißem Sand und kühlem See
und nassen Badehosen,
nach Wasserfall und Sonnenkrem,
nach Straßenstaub und Rosen.

Weißt du, wie der Sommer schmeckt?
Nach gelben Aprikosen
und Walderdbeeren, halb versteckt
zwischen Gras und Moosen,
nach Himbeereis, Vanilleeis
und Eis aus Schokolade,
nach Sauerklee vom Wiesenrand
und Brauselimonade.

Weißt du, wie der Sommer klingt?
Nach einer Flötenweise,
die durch die Mittagsstille dringt,
ein Vogel zwitschert leise,
dumpf fällt ein Apfel in das Gras,
ein Wind rauscht in den Bäumen,
ein Kind lacht hell, dann schweigt es schnell
und möchte lieber träumen.

Ilse Kleeberger

Sommergesang

Geh aus, mein Herz, und suche Freud
in dieser lieben Sommerzeit
an deines Gottes Gaben;
schau an der schönen Gärten Zier
und siehe, wie sie mir und dir
sich ausgeschmücket haben.

Die Bäume stehen voller Laub,
das Erdreich decket seinen Staub
mit einem grünen Kleide.
Narzissus und die Tulipan,
die ziehen sich viel schöner an
als Salomonis Seide.

Die Lerche schwingt sich in die Luft,
das Täublein fliegt aus seiner Kluft
und macht sich in die Wälder;
die hochbegabte Nachtigall
ergötzt und füllt mit ihrem Schall
Berg, Hügel, Tal und Felder.

Die Glucke führt ihr Völklein aus,
der Storch baut und bewohnt sein Haus,
das Schwälblein speist die Jungen;
der schnelle Hirsch, das leichte Reh
ist froh und kommt aus seiner Höh'
ins tiefe Gras gesprungen.

Die Bächlein rauschen in dem Sand
und malen sich und ihren Rand
mit schattenreichen Myrten;
die Wiesen liegen hart dabei
und klingen ganz vom Lustgeschrei
der Schaf' und ihrer Hirten.

Die unverdroßne Bienenschar
fliegt hin und her, sucht hie und dar
ihr edle Honigspeise;
des süßen Weinstocks starker Saft
bringt täglich neue Stärk' und Kraft
in seinem schwachen Reise.

Der Weizen wächset mit Gewalt,
darüber jauchzet jung und alt
und rühmt die große Güte
des, der so überflüssig labt
und mit so manchem Gut begabt
das menschliche Gemüte.

Ich selbsten kann und mag nicht ruhn,
des großen Gottes großes Tun
erweckt mir alle Sinnen:
Ich singe mit, wenn alles singt,
und lasse, was dem Höchsten klingt,
aus meinem Herzen rinnen.

Paul Gerhardt

Goldene Welt

Im September ist alles aus Gold:
Die Sonne, die durch das Blau hinrollt,
das Stoppelfeld,

die Sonnenblume, schläfrig am Zaun,
das Kreuz auf der Kirche,
der Apfel am Baum.

Ob er hält? Ob er fällt?
Da wirft ihn geschwind
der Wind in die goldene Welt.

Georg Britting

Septembermorgen

Im Nebel ruhet noch die Welt,
Noch träumen Wald und Wiesen:
Bald siehst du, wenn der Schleier fällt,
Den blauen Himmel unverstellt,
Herbstkräftig die gedämpfte Welt
In warmem Golde fließen.

Eduard Mörike

D' Ferien san um

No drei, vier Tag, na gehts in d'Schui,
Und d'Ferien san aus.
Zum ersten Bundesligaspui
da gehma wieder naus.

s' Oktoberfest geht aa bald o:
as Schaukeln, Fahrn und Drahn.
De größern Budn stenga scho
und de Trumm-Achterbahn.

Am Himme siegst jetzt bunte Fleck
– des kimmt vom Drachasteign.
San de dann aa auf oamal weg,
gehts schon in Spätherbst nei.

Was gwachsn is vom Frühjahr her,
is reif und fallt, wenns waht.
As Reife hat koan Platz jetzt mehr,
werd abbrockt, gschnittn, gmaht.

So is von Anfang o im Werdn,
im Leben und Wachsn drin
a ganz kloans Wengerl scho vom Sterbn,
vom Falln und vom Verblühn.

Helmut Zöpfl

Herbstbild

Dies ist ein Herbsttag, wie ich keinen sah!
Die Luft ist still, als atmete man kaum,
Und dennoch fallen raschelnd, fern und nah,
Die schönsten Früchte ab von jedem Baum.

O stört sie nicht, die Feier der Natur!
Dies ist die Lese, die sie selber hält,
Denn heute löst sich von den Zweigen nur,
Was vor dem milden Strahl der Sonne fällt.

Friedrich Hebbel

Hoher Herbst

Kastanie fällt.
Die Walnuß wird geschlagen.
Das nasse Obst:
in Körben heimgetragen!

Der Wind aus West,
der Regen treibt die Blätter.
Das Astwerk bricht
herab im schweren Wetter.

Die graue Zeit
sinkt mit den Nebeln nieder.
Die Kühle greift
den Vögeln ins Gefieder.

Nur Rabenschrei
verhallt in leeren Wäldern
beim scharfen Rauch
aus den Kartoffelfeldern.

Karl Krolow

Herbst

Die Blätter fallen, fallen wie von weit,
als welkten in den Himmeln ferne Gärten;
sie fallen mit verneinender Gebärde.

Und in den Nächten fällt die schwere Erde
aus allen Sternen in die Einsamkeit.

Wir alle fallen. Diese Hand da fällt.
Und sieh dir andre an: es ist in allen.

Und doch ist Einer, welcher dieses Fallen
unendlich sanft in seinen Händen hält.

Rainer Maria Rilke

Herbsttag

Herr: es ist Zeit. Der Sommer war sehr groß.
Leg deinen Schatten auf die Sonnenuhren,
und auf den Fluren laß die Winde los.

Befiehl den letzten Früchten voll zu sein;
gib ihnen noch zwei südlichere Tage,
dränge sie zur Vollendung hin und jage
die letzte Süße in den schweren Wein.

Wer jetzt kein Haus hat, baut sich keines mehr.
Wer jetzt allein ist, wird es lange bleiben,
wird wachen, lesen, lange Briefe schreiben
und wird in den Alleen hin und her
unruhig wandern, wenn die Blätter treiben.

Rainer Maria Rilke

Der Kürbis erzählt

Ich sprenkle die Hügel
mit gelben Bällen im Herbst,
ich mache die Präriefelder hell
mit Riesenorangen, Goldklumpen –
man nennt mich Kürbis.
Ende Oktober,
wenn es früh dunkelt,
tanzen Kinder
Reigen um mich
mit Liedern vom Herbstmond
und Nebelgespenstern.
Dann bin ich ein Irrlicht
mit schrecklichen Zähnen –
die Kinder wissen: ich mache nur Spaß.

Carl Sandburg

Der November

Ach, dieser Monat trägt den Trauerflor . . .
Der Sturm ritt johlend durch das Land der Farben.
Die Wälder weinten. Und die Farben starben.
Nun sind die Tage grau wie nie zuvor.
Und der November trägt den Trauerflor.

Der Friedhof öffnete sein dunkles Tor.
Die letzten Kränze werden feilgeboten.
Die Lebenden besuchen ihre Toten.
In der Kapelle klagt ein Männerchor.
Und der November trägt den Trauerflor.

Was man besaß, weiß man, wenn man's verlor.
Der Winter sitzt schon auf den kahlen Zweigen.
Es regnet, Freunde, und der Rest ist Schweigen.
Wer noch nicht starb, dem steht es noch bevor.
Und der November trägt den Trauerflor . . .

Erich Kästner

Milder September

Igel und Ameisen,
Grillen und Schnecken
wissen: Der Winter,
er ist nicht mehr weit!
Seht ihr sie fressen?
Sie lecken und schlecken,
schlingen und schmatzen
und nützen die Zeit.
Frisch noch gefeiert,
bevor der November
fauchend und frech
vor dem Herbstwalde steht!
Schön ist die Zeit,
wenn im milden September
reich und gesegnet
der Sommer vergeht!

James Krüss

Vogelabschied

Es kommt die Zeit,
es kommt die Zeit,
wir ordnen uns in Zügen.
Wir müssen weit,
wir müssen weit
und fliegen,
fliegen,
fliegen!

Es fällt so schwer,
es fällt so schwer
zu scheiden, liebe Kinder.
Wir fürchten sehr,
wir fürchten sehr,
den Winter,
Winter,
Winter!

Bruno Horst Bull

November

Grüaß Gott, trüabe Täg.
Grüaß Gott, laare Weg.
Grüaß Gott, kahle Baam,
Grüaß Gott, graue Traam.
Grüaß Gott, späte Zeit.
Grüaß Gott, Traurigkeit.
Grüaß Gott, modrigs Laub.
Grüaß Gott, Erdn, Staub.
Grüaß Gott, Nieselreng.
Grüaß Gott, Allerseeln.
Und grüaß di aa Gott,
grüaß di Gott, Bruader Tod.

Helmut Zöpfl

November

Es kommt eine Zeit,
da lassen die Bäume
ihre Blätter fallen.
Die Häuser rücken
enger zusammen.
Aus dem Schornstein
kommt Rauch.

Es kommt eine Zeit,
da werden die Tage klein
und die Nächte groß,
und jeder Abend hat
einen schönen Namen.

Einer heißt Hänsel und Gretel.
Einer heißt Schneewittchen.
Einer heißt Rumpelstilzchen.
Einer heißt Katherlieschen.
Einer heißt Hans im Glück.
Einer heißt Sterntaler.

Auf der Fensterbank
im Dunkeln,
daß ihn keiner sieht,
sitzt ein kleiner Stern
und hört zu.

Elisabeth Borchers

Wenn es Winter wird

Der See hat eine Haut bekommen,
So daß man fast drauf gehen kann,
Und kommt ein großer Fisch geschwommen,
So stößt er mit der Nase an.

Und nimmst du einen Kieselstein
Und wirfst ihn drauf, so macht es klirr
Und titscher – titscher – titscher – dirr . . .
Heißa, du lustiger Kieselstein!

Er zwitschert wie ein Vögelein
Und tut grad wie ein Schwälblein fliegen.
Doch endlich bleibt mein Kieselstein
Ganz weit, ganz weit auf dem See draußen liegen.

Da kommen die Fische haufenweis
Und schaun durch das klare Fenster von Eis
Und denken, der Stein wär etwas zum Essen.
Doch so sehr sie die Nase ans Eis auch pressen,
Das Eis ist zu dick, das Eis ist zu kalt,
Sie machen sich nur die Nasen kalt.

Aber bald, aber bald
Werden wir selbst auf eignen Sohlen
Hinausgehen können und den Stein wieder holen.

Christian Morgenstern

Die Frösche

Ein großer Teich war zugefroren.
Die Fröschlein, in der Tiefe verloren,
durften nicht ferner quaken noch springen,
versprachen sich aber im halben Traum:
fänden sie nur da oben Raum,
wie Nachtigallen wollten sie singen. –
Der Tauwind kam, das Eis zerschmolz;
nun ruderten sie und landeten stolz
und saßen am Ufer weit und breit
und quakten wie vor alter Zeit.

J. W. von Goethe

Schwarz und weiß

Wenn d Welt wieda weiß werd
wia frischgwaschne Schneiztüachl
wia weiße Westn so weiß
wiara Hermelin
wia Kanickl
wia weiße Mais

wenn de Flockn foin
wia de Aktien und de Deitsche Mark
wia de Angst vorm Knecht Rupprecht
wia Seifza im Park
wia da Barometta
wenn de Flockn foin
wiara kloagschniins Lametta

wenns vorbeiziagn an de Fensta
wia desertierte I-Dipfal
wia traamhapate Schauklburschn
wia frischbachane Liliputana-Kipfal
wia bsuffane Wagscheitl
wia kloawunzige Spruchbeitl
wia Herrnreita ohne Rooß
wia Eiernudln ohne Soß

und legn sie auf d Straß
wia Buttamilli
wia Schlagrahm
wia Meerrettich
wia Ruamkraut fast
und macha aus jedn Gartntürl
an weißn Palast

na soit ma ohne Hast
sein schwarzn Huat
sein schwarzn Mantl
sei schwarze Hosn
seine schwarzn Schuah olegn
und sich schee staad
durch de weiße Weißn bewegn.

Weil des gibt
an unheimlichen Kontrast!

Herbert Schneider

Die Vögel warten im Winter vor dem Fenster

Ich bin der Sperling.
Kinder, ich bin am Ende.
Und ich rief euch immer im vergangenen Jahr,
wenn der Rabe wieder im Salatbeet war.
Bitte um eine kleine Spende.
  Sperling, komm nach vorn.
  Sperling, hier ist dein Korn.
  Und besten Dank für die Arbeit!

Ich bin der Buntspecht.
Kinder, ich bin am Ende.
Und ich hämmere die ganze Sommerzeit,
all das Ungeziefer schaffe ich beiseit.
Bitte um eine kleine Spende.
  Buntspecht, komm nach vorn.
  Buntspecht, hier ist dein Wurm.
  Und besten Dank für die Arbeit!

Ich bin die Amsel.
Kinder, ich bin am Ende.
Und ich war es, die den ganzen Sommer lang
früh im Dämmergrau in Nachbars Garten sang.
Bitte um eine kleine Spende.
  Amsel, komm nach vorn.
  Amsel, hier ist dein Korn.
  Und besten Dank für die Arbeit!

Bertolt Brecht

Es weihnachtet

Und der Rauhreif geht um,
Büsch und Baam stenga stumm
jeder Halm biagt si sacht.
Bald kummt d'Heilige Nacht.

Wiara groß Paradies
jetzt die Münchner Stadt is.
Daß i olles vozähl:
Selbst der Himmi is hell.

Aufm Kripperlmarkt drunt
glitzerts golden und bunt.
Jedes Gschäft, jeder Stand
hat as Christkind zur Hand.

In der Vorstadt jeds Haus,
ganz verzaubert schaugts aus.
Fast auf jedem Balko
loahnt a Christbaamerl scho.

Bis in d'Nacht eine spaat,
da werd gwerkelt und gnaht,
da werd bastelt und gschnitzt
und durchs Schlüsselloch gspitzt.
Ja, a Wunder geht um,
werd von selber ois stumm,
werd von selber ois sacht;
Bald kummt d'Heilige Nacht.

Günter Goepfert

Heilige Nacht

Im Wald is so staad,
Alle Weg san vawaht,
Alle Weg san vaschniebn,
Is koa Steigl net bliebn.

Hörst d' as z'weitest im Wald,
Wann da Schnee oba fallt,
Wann sie 's Astl o'biagt,
Wann a Vogel auffliagt.

Aber heunt kunnt's scho sei,
Es waar nomal so fei',
Es waar nomal so staad,
Daß si gar nix rührn tat.

Kimmt die heilige Nacht.
Und da Wald is aufgwacht,
Schaugn de Has'n und Reh,
Schaugn de Hirsch übern Schnee.

Hamm sie neamad net gfragt,
Hot's eahr neamad net gsagt,
Und kennan s' do bald,
D' Muatta Gottes im Wald.

Ludwig Thoma

Wacht auf, ihr Menschen!

Wacht auf. ihr Menschen, ja, auch du!
Das Wunder ist geschehen.
Maria wiegt das Kind zur Ruh,
und Josef deckt es sachte zu.
Nun muß die Nacht vergehen.

Steig auf, du Stern! Flieg hin, du Wind!
Die Schatten sollt ihr jagen.
Geboren ist im Stall das Kind,
damit wir alle fröhlich sind
in unsern dunklen Tagen.

Ursula Wölfel

Geboren ist das Kind zur Nacht

Geboren ist das Kind zur Nacht
für dich und mich und alle,
drum haben wir uns aufgemacht
nach Bethlehem zum Stalle.

Sei ohne Furcht, der Stern geht mit,
der Königsstern der Güte,
dem darfst du trauen, Schritt für Schritt,
daß er dich wohl behüte.

Und frage nicht und rate nicht,
was du dem Kind solltst schenken.
Mach nur dein Herz ein wenig licht,
ein wenig gut dein Denken,

mach deinen Stolz ein wenig klein,
und fröhlich mach dein Hoffen –
so trittst du mit den Hirten ein,
und sieh: Die Tür steht offen!

Ursula Wölfel

Weihnacht in der großen Stadt

Seltsam schaut die Stadt heut aus:
Alle Fenster sind verdunkelt!
Und es flüstert, und es munkelt
sonderbar in jedem Haus.

Straßenbahnen läuten nicht.
Einsam leuchten die Laternen.
Und von oben aus den Sternen
fällt der Schnee so weich und dicht.

Wie ein Riese schläft die Stadt,
die der Himmel mit dem feinen
weißen Schnee wie unter Leinen
zärtlich eingemummelt hat.

In den Türmen hängen stumm
große Klöppel im Gehäuse.
Nur der Wind weckt manchmal leise
in den Glocken ein Gebrumm.

Seltsam ruhig ist es heut
in den Straßen und den Gassen.
Selbst der Marktplatz ist verlassen
und wie tot um diese Zeit.

Aber da mit einemmal
wehen in das Spiel der Flocken
von den Türmen, von den Glocken
Silbertöne ohne Zahl.

Und die Kirchen, groß und schwer,
öffnen mächtig die Portale.
Und da gehn mit einem Male
wieder Menschen hin und her.

Stimmen lachen, Türen gehn,
und in schmalen Fensterritzen
kann ich etwas golden blitzen
und verwirrend blinken sehn.

Plötzlich scheint die Stadt erwacht.
Auch die Kinder hör ich wieder,
und es tönen Weihnachtslieder
fröhlich in die weiße Nacht.

James Krüss

Weihnacht

Von all den vielen Sternen,
die wir nie zählen lernen,
der schönste kam zur Welt.
Wir sahen das Sternlein steigen,
das Gott uns gab zu eigen,
bei dunkler Nacht im Feld.

Es wies uns still die Wege
durch Hecken und Gehege,
die waren tief verschneit.
Wir gingen in die Hütte.
Das Kind lag auf der Schütte.
Erfüllet war die Zeit.

Maria und Joseph standen
am Kripplein, das wir fanden,
und waren arme Leut.
So schenk', o Herr, uns Armen
dein Lieb und Allerbarmen
in kalter Winterzeit.

Fritz Grashoff

Dezember

Im Stall bei Esel, Ochs und Rind
zur Nacht geboren ward das Kind.
Und wieder still wie ehedem
der Stern leucht' über Bethlehem.
Gott in der Höh' sei Preis und Ehr'
und Fried' den Menschen weit umher.

Josef Weinheber

Meine Gabe

Was kann ich ihm geben,
Arm wie ich bin?
Wär ich ein Hirte,
Ein Lamm gäb ich hin.

Wäre ich klug,
Gäb ich Weisheit und Scherz.
Was hab ich für ihn?
Ich geb ihm mein Herz.

Christina Rosetti

Und das Wort ward Fleisch

Es kam das Kind in unsere Welt,
um die war es nicht zum besten bestellt.
Die armen Leute und Weisen eilten sofort
aus Ost und West, zu hören das neue Wort.

König Herodes hatte es kaum vernommen,
da kam er schon mit hundert frommen
Kriegern, um alle Kinder zu schlachten,
die ihm etwa nach dem Leben trachten.

Die Mutter hat früh davon geträumt.
Der Vater hat den Esel aufgezäumt.
Sie flüchteten das Kind nach dem Süden.
Das neue gefährliche Wort hieß – Frieden.

Gerd Semmer

Ein Jahr ist zu Ende

Ein Jahr ist zu Ende.
Nun gebt euch die Hände
und sagt: Alles Gute! Gesundheit und Glück!
Beschließt in Gedanken,
euch nicht mehr zu zanken,
und denkt an die Sünden vom Vorjahr zurück!

Bleibt nett und verträglich,
und drückt euch nicht täglich
vorm Waschen und Lernen auf listige Art!
Tut's auch nicht verdrießlich!
Es bleibt euch ja schließlich,
ob schneller, ob langsamer, doch nicht erspart!

Ein Jahr will beginnen.
Im Glockenturm drinnen
erschrecken die Tauben vom Bimm und vom
                                              Bamm.
Seid nicht wie die Tauben!
Ihr müßt an euch glauben.
Stapft fröhlich ins Neujahr und dreht euch nicht
                                              um!

James Krüss

Wir denken nach

Was meinst du dazu?

Ein Mausloch ist winzig,
doch die Maus paßt hinein.
Die Sterne sind riesig,
doch wir sehen sie klein.
Das Veilchen am Waldrand
bemerken wir kaum.
Für die Grille auf dem Boden
ist das Veilchen ein Baum.
Was dem einen eine Hütte,
ist dem andern ein Palast.
Eine Krume, die du wegbläst,
schleppt der Käfer als Last.

Vera Ferra-Mikura

Frag warum

Sei nicht dumm, frag warum,
denn wer fragt, der bleibt nicht dumm.

Warum ist der Himmel rot,
wo wohnt der liebe Gott,
wie weit ist das Meer,
warum stehn viele Häuser leer?

Wie arm ist 'ne Kirchenmaus,
wofür geb ich Geld aus,
was tut man für Gotteslohn,
wieviel Zinsen hab ich schon?

Wann beginnt die Hungersnot,
was kommt nach dem Tod,
wer regiert die Welt,
was heißt „sterben wie ein Held"?

Wolfgang Schmölders

Ich denke

Ich denke
bevor ich aufstehe:

Ich bin ein Mensch
und bin im Bett
und das Bett ist im Zimmer
und das Zimmer im Haus
und das Haus ist am Weg
und der Weg in der Stadt
und die Stadt ist im Land
und das Land auf der Erde.

Und auf der Erde ist ein anderes Land
und im andern Land eine andere Stadt
und in der Stadt ein anderer Weg
und am Weg ein anderes Haus
und im Haus ein anderes Zimmer
und im Zimmer ein anderes Bett
und im andern Bett
ist auch ein Mensch.

Bevor ich aufstehe
denke ich.

Hans Manz

Fragen

Wer weiß, wo das Gestern wohnt,
die Zeit, die niemals wiederkommt?
Wer sagt mir, wohin das, was ist,
verläuft, verrinnt, verfließt?
Wer weiß, wohin die Zeit uns treibt,
und warum nichts für immer bleibt?
Wer sagt mir, wo mein Weg hingeht
und wo mein Ziel einmal steht?
Wer weiß, warum stets etwas wird,
wenn es doch einmal wieder stirbt?
Gibt's wirklich in dem Leben drin,
Weg, Zukunft und Sinn?
Ich bin voller Fragen:
wieso und warum?
Doch keiner gibt Auskunft,
ein jeder bleibt stumm.
Keiner gibt Antwort
woher und wohin.
Wer zeigt mir den Weg
und den Sinn?

Helmut Zöpfl

Allein

Es führen über die Erde
Straßen und Wege viel,
aber alle haben
dasselbe Ziel.

Du kannst reiten und fahren
zu zwein und zu drein,
den letzten Schritt mußt du
gehen allein.

Drum ist kein Wissen
noch Können so gut,
als daß man alles Schwere
alleine tut.

Hermann Hesse

Schö' kloaweis

Will's Wasser durch an Fels'n bohrn,
dees hast do' gwiß gar oft scho' gsegn,
schö' kloaweis arbat jeder Tropfa;
schö' kloaweis, schau, da bringt's was z'wegn.
Was d'Ame'sn alls zammatrag'n
schö' kloaweis, is ja nit zum sag'n.

Wer auf an Berg wollt aufi rumpin
als wie'r a Mader auf an Baam,
daß den der Blasbalg nit verlasset,
dessel, verstehst mi', glaab i kaam.
Schö' kloaweis ko'st an jedn zwinga;
mi'n Geh' kimmst weiter als mi'n Springa.

Franz v. Kobell (gekürzt)

Seht ihr den Mond dort stehen?

Seht ihr den Mond dort stehen? –
Er ist nur halb zu sehen
und ist doch rund und schön!
So sind wohl manche Sachen,
die wir getrost belachen,
weil unsre Augen sie nicht sehn.

Matthias Claudius

Der Baum

Zu fällen einen schönen Baum
braucht's eine halbe Stunde kaum.
Zu wachsen, bis man ihn bewundert,
braucht er, bedenk es, ein Jahrhundert.

Eugen Roth

Was man nicht zählen kann

Die Wassertropfen
und die weißen Flocken.
Blumen, die eine Wiese bedecken,
und nach dem Regen die Schnecken.
In den Bäumen die Spatzen
und in Rom die Katzen.
Sterne, die vom Himmel fallen
und im Meer die Muscheln und Korallen.

Max Bolliger

Was wir zählen
und messen können:

Wie viele Kinder in unserer Klasse sind.
Wie viele Fenster unser Haus hat.
Wie schnell ein Flugzeug fliegt.
Wie tief das Meer ist.
Wie schwer ein Stein ist.
Wie lang eine Straße ist.
Wie hoch die Wolken sind.

Was wir nicht zählen und messen können:

Wieviel Liebe in einem Kuß ist,
den die Mutter dem Kinde gibt.
Wieviel Angst einer hat, wenn er allein ist.
Was ein gutes Wort wiegt.
Wie teuer ein guter Freund ist.
Wie schwer es ist, wenn uns keiner mag.
Wie tief eine Lüge uns verletzen kann.
Wie groß eine Freude sein kann.

Günther Weber

Vom Kaufen und
Net-Kaufen-Können

A Auterl, an Schmuck, a Buidl für d'Wand,
an Teppich, an Radio, Möbeln, a Gwand,
was z'Essen, was z'Trinka, a Limo, a Bier,
a Zeitung, a Buach, a Uhr, a Klavier,
a Haus, a Villa, an Wohnwagn, a Zelt,
des alls san Sacha, de kriagt ma für Geld,
de konn ma kaufa, mietn und ham,
de könnan oam ghörn, bringt ma's Geld dafür
                                    zsamm.
Aber es gibt aa Sacha auf unserer Welt,
de konnst net kaufa für no so vui Geld:
Freundschaft und Liebe, fürs Schöne an Blick,
Gsundheit, Humor, Zufriedenheit, Glück.
Vertrauen aufs Guate, as ewige Lebn,
für des alls konnst was doa zwar, doch konnst
                              du's dir net gebn.
Du konnst grad bereit sei für alles und offen.
A weng a Vertraun ham, dro glaubn und drauf
                                    hoffn.

Helmut Zöpfl

Die Geschichte vom Wunsch aller Wünsche

In die fröhliche Stadt der Kinder
kamen drei Zauberer einst:
Der erste hieß Borstenbinder,
der zweite Siebenzylinder
und der dritte Wasdunichtmeinst.
Sie zauberten hier und zauberten dort
manches Stücklein in bunter Gestaltung.
Und die Kinder dankten mit freundlichem Wort
für die lustige Unterhaltung;
doch manches fragte sich heimlich dabei:
Sind sie gut oder böse, die seltsamen Drei?
Man weiß es oft nicht.

Als der Tag der Abfahrt gekommen,
baten die Zauberer früh,
ehe sie Abschied genommen,
die Kinder zum Marktplatz zu kommen.
Und dies verkündeten sie:
,,Wir sind eurer Freundlichkeit eingedenk.
Ihr zolltet den Künsten Verehrung.
Drum bieten wir als Abschiedsgeschenk
eines einzigen Wunsches Gewährung.
Dieser Wunsch, den ihr sagt –
sei er groß oder klein –
wird im selben Moment euch erfüllet sein."
Was sagst du dazu?

Da berieten die Kinder sich lange,
was am besten zu wünschen sei;
denn wie schlau man's auch immer anfange,
sobald man das eine erlange,
sei's mit allem andern vorbei!
Darum sprachen sie schließlich zu den drei Herrn:
,,Verzeiht, wenn wir allzuviel wagen!
Unser einziger Wunsch ist: Wir möchten gern,
daß *jeder* Wunsch, den wir sagen,
sofort sich erfüllt." – ,,Ihr habt es begehrt",
so sprachen die Dreie, ,,es sei euch gewährt!"
Da staunst du nun wohl!

Dann zogen sie fort mit dem Wagen.
Die Kinder der Kinderstadt
fingen an, sich voll Neugier zu fragen,
ob ein Spruch, den drei Zauberer sagen,
so mächtige Wirkung hat?
Sie probierten es aus, erst heimlich noch zwar –
und staunten ganz unaussprechlich:
Jeder Wunsch, den man sagte –
ganz gleich, was es war –,
ging sogleich in Erfüllung, tatsächlich!
Und die Kinder riefen voll Übermut:
,,Da sieht man's – die Zauberer waren gut!"
Das ist doch ganz klar!

Ihr könnt euch wohl selber denken,
was nun für ein Wünschen begann:
Der wollte ein Auto zum Lenken,
der andre zehn Reiseandenken,
der dritte 'nen Hampelmann,
Spielzeug und Kuchen und Eisenbahn,
Samt und Seide und Felle,
Schlittschuhe, Kaugummi, Kreisel und Kran,
goldene Kronen und Bälle,
Puppen und Bücher und Kram und Trara:
Was man nur wünschte, sofort war es da!
Das möcht'st du wohl auch?

Das war schon ein Jahr so gegangen,
und der Zauber hielt immer noch an!
Die Kinder begannen zu bangen;
denn kann man stets alles erlangen,
verliert man die Freude daran.
Und sie wünschten sich weniger Tag für Tag:
Alles kriegen ist unausstehlich!
Und wenn einer sich gar nichts mehr wünschen
mag,
dann macht ihn auch gar nichts mehr fröhlich.
Die Kinder saßen mit traurigem Blick
unter all ihren Schätzen – im Mißgeschick.
Das glaubst du wohl nicht?

Da schickten sie Fährten-Finder
in die weite Welt hinein
zu suchen Herrn Borstenbinder
und den andern, Herrn Siebenzylinder,
und Herrn Wasdunichtmeinst obendrein,
und sie sollten bestellen: „Nehmt's wieder, dies
Glück!
Unsre Freude ist dadurch verschwunden."
Doch die Boten, sie kamen einzeln zurück,
hatten nirgends die Dreie gefunden.
Da klagten die Kinder: „Daß Gott uns erlös!
Und jetzt wissen wir's erst: Die Drei waren bös!"
Das denkst du doch auch?

Und Verzweiflung beschlich sie im stillen.
Da ergriff eins der Kleinsten das Wort:
„Wenn sich all unsre Wünsche erfüllen,
dann wünschen wir einfach mit Willen
die Wünsche-Erfüllung fort!"
Sie befolgten den Rat und von Stund an war
wieder spannend das Leben und heiter.
Die Kinder warn froh wie vor Tag und Jahr
und vielleicht gar ein wenig gescheiter.
Nur eine Sache wüßt ich noch gern:
Waren gut oder bös die drei seltsamen Herrn?
Sag, was meinst du?

Michael Ende

Woraus ist denn Zement?

Zuerst hat er den Vater gefragt
und der hat – soweit er es wußte –
die Antwort gesagt.

Woran hängt denn der Mond?
Sind die Sterne bewohnt?
Woraus ist denn Zement?
Hat jeder ein Hemd?
Warum hat der eine zehn
und drüben der Mann muß barfuß gehen?
Ist der liebe Gott schon sehr alt?

Der Vater hat ihm alles,
soweit er es wußte, gesagt.
Aber er kannte nur Zement
Und er hat sich geschämt.

In der Schule hat ihn der Lehrer gefragt,
Und er hat gelernt und die Antwort gesagt:

Wann war bei Fehrbellin ein Sieg?
Welches war der längste Krieg?
Was ist Chlorophyll? Was ein Atom?
Wann stand Hannibal vor Rom?
Wie heißt der Lehrsatz des Euklid?
Wo liegt das Märchenland Orplid?

Und gestern hat ihn sein Enkel gefragt:

Woran hängt denn der Mond?
Sind die Sterne bewohnt?
Woraus macht man Zement?
Hat jeder ein Hemd?
Warum hat der eine zehn
und drüben der Mann muß barfuß gehn?
Ist der liebe Gott denn tot?

Und er hat ihm gesagt, Zement bestehe aus Wasser und Sand
und man mische Beton daraus.
Alles andere hat er noch immer nicht gewußt.
Er hat vergessen, danach zu fragen
seit jenen Tagen
als er fünf Jahre alt war.

Christine Brückner

Weißt du warum?

Weißt du, warum es regnet und schneit?
Weißt du, warum es Krieg gibt und Streit?
Weißt du, warum wir lachen und weinen?
Weißt du, warum die Sterne so winzig scheinen?
Weißt du, warum es warm wird und kalt?
Weißt du, warum wir jung sind und alt?
Weißt du, warum einer Geschichten schreibt?
Weißt du, warum Gott unsichtbar bleibt?

Max Bolliger

Jedes Ding, das hat sein Ende

Jedes Ding, das hat sein Ende,
jedes Ding hört einmal auf.
Sogar Schillers Doppelbände
und vom längsten Fluß der Lauf.
Geld und Gold und Sahnetorte,
Blumenblühn und Hundeschwanz,
auch die allerbesten Worte,
Morgenlicht und Liederkranz,
Fußballspiel und süße Träume
und die hohen Tannenbäume,
Amselflug und Gartenschlauch,
aber Ohrenschmerzen auch!
Jedes Ding, das hat ein Ende,
ob es gut ist oder schlecht.
Und wenn es kein Ende fände,
dann wäre es uns auch nicht recht.

Gina Ruck-Pauquèt

Zeit-Rätsel

Drei Brüder wohnen in einem Haus,
die sehen wahrhaftig verschieden aus,
doch willst du sie unterscheiden,
gleicht jeder den anderen beiden.
Der erste ist *nicht* da, er kommt erst nach Haus.
Der zweite ist *nicht* da, er ging schon hinaus.
Nur der dritte ist da, der Kleinste der drei,
denn ohne ihn gäb's nicht die anderen zwei.
Und doch gibt's den dritten, um den es sich handelt,
nur weil sich der erst' in den zweiten verwandelt.
Denn willst du ihn anschaun, so siehst du nur
                                    wieder
immer einen der anderen Brüder!
Nun sage mir: Sind die drei vielleicht einer?
Oder sind es nur zwei? Oder ist es gar – keiner?
Und kannst du, mein Kind, ihre Namen mir
                                    nennen,
so wirst du drei mächtige Herrscher erkennen.
Sie regieren gemeinsam ein großes Reich –
und sind es auch selbst! Darin sind sie gleich.

Michael Ende

Warum?

Warum
ist denn der gestorben?
Und wohin?
Und ist er morgen auch noch tot?
Auf seinem Grab, da blüht es rot.
Doch da ist nur sein Körper drin.
Seine Furcht und sein Glück,
seine Traumgestalten,
und was in seinen Worten enthalten,
ist nicht mit Erde zugedeckt.
Wo hält sich das alles versteckt?
Was er gehofft hat und geliebt,
obs das noch gibt?
Ob es einer weiß?
Und versteht,
wohin alles geht?

Gina Ruck-Pauquèt

Am Waldfriedhof

De tausnd
und de tausnd Leit
am Waldfriedhof
am Allerheiligntag:
in hundat Jahr
sans alle furt,
liegn selba stumm
da drin
im greana Hag.

Des blonde Büabal dort,
des s'gweihte Wassa
auf sein Opa sprengt,
is lang scho gstorm.
Vielleicht, wenn d'Sonna
wieda grad so blaß
am Himme hängt,

daß dann a Bua,
wia er,
am selbn Grabstoa
steht,
und mitn Himmevadda
üban Opa redt,

und spürt dann aufamoi
in hundat Jahr
am Allerheiligntag:
sei Herz,
des hat von dem sein Herz
da drunt
den frischn Schlag.

Herbert Schneider

Ölsardinen

Wir danken dem Fischer,
der sie gefangen hat.
Wir danken der Gastarbeiterin,
die sie geputzt hat.
Wir danken dem Feinschmecker,
der sie gewürzt hat.
Wir danken dem Müllmann,
der die leere Büchse fortschafft.

Johann Hoffman-Herreros

Was einer ist

Was einer ist, was einer war,
beim Scheiden wird es offenbar,
Wir hören's nicht, wenn Gottes Weise summt;
wir schaudern erst, wenn sie verstummt.

Hans Carossa

Was uns die Angst nimmt

Vater und Mutter und vertraute Gesichter,
im Dorf und in der Stadt die Lichter.
Die Sonne, die uns am Morgen weckt,
das Kätzchen, das sich in unserm Arm versteckt.
Im Bett Teddybären und Puppen,
Sterne, die durchs Fenster gucken.
Bruder, Schwester, Neffen und Nichten
und in der Schule die schönen Geschichten.
Alles, was jeden Tag mit uns lebt,
und am Abend das Gutenachtgebet.

nach Max Bolliger

Denk'es o Seele!

Ein Tännlein grünet wo,
Wer weiß, im Walde,
Ein Rosenstrauch, wer sagt,
In welchem Garten?
Sie sind erlesen schon,
Denk'es, o Seele.
Auf deinem Grab zu wurzeln
Und zu wachsen.

Zwei schwarze Rößlein weiden
Auf der Wiese,
Sie kehren heim zur Stadt
In muntern Sprüngen.
Sie werden schrittweis gehn
Mit deiner Leiche,
Vielleicht, vielleicht noch eh
An ihren Hufen
Das Eisen los wird,
Das ich blitzen sehe.

Eduard Mörike

Ein Gleiches

Über allen Gipfeln
ist Ruh,
in allen Wipfeln
spürest du
kaum einen Hauch;
die Vögelein schweigen im Walde.
Warte nur, balde
ruhest du auch.

Johann Wolfgang Goethe

Reklame

Es wirrt in mir
ein Wirbeltier,
O-DENT-A ist sein Name;
es macht dies irre
Schwirretier
für Zahnpasta Reklame.

Ich hab's heut morgen
aufgeschnappt
von einer Anschlagsäule;
nun hat sich's in mir
festgepappt
und quält mich mit Geheule:
O-DENT-A gegen Zahnverfall,
O-DENT-A gegen Löcher,
O-DENT-A tönt es überall,
O-DENT-A noch und nöcher:
„Die Zähne werden blendend weiß,
dein Zahnfleisch eine Rose,
und duften wirst du aus dem Mund
wie eine Aprikose!"

Ich sause gleich zur Drogerie,
um mir das Zeug zu holen,
und putze mir von spät bis früh
die Zähne wie befohlen.
Doch heute hörte ich entsetzt
im Fernsehn: „Zur Hygiene
benutze CARANDENTAL jetzt
und rette deine Zähne!"

Was nehm ich nun, ich armer Mann?
Jetzt habe ich die beiden . . .
Ich schaue stumm die Tuben an
und kann mich nicht entscheiden!

Max Kruse

Niemand

Kennt ihr wohl den Unfuggeist,
Der mit Namen Niemand heißt?
Wohnt beinah in jedem Haus!
Fragt nur mal landein, landaus.

Wer hat Vaters Tisch bekleckst?
Mutters Fingerhut verhext?
Mutters Nadeln, Mutters Scheren?
Wer nahm von den Stachelbeeren?
Wer zerschnitt den neuen Ball?
Überall und überall
Ist's und war's derselbe Fant:
Niemand, Niemand, Niemand!

Niemand hat das Garn verfitzt,
Niemand hat die Wurst stibitzt,
Niemand krachte mit der Tür,
Niemand kann etwas dafür,
Daß der Garten offensteht;
Niemand trat ins Tulpenbeet;
Niemand aß vom Apfelbrei,
Niemand riß das Buch entzwei,
Niemand warf das Glas vom Tisch!

Wenn ich ihn einmal erwisch!
Such und hasch ihn alle Tage.
Wenn ich Kinder nach ihm frage,
Kommen sie in große Not,
Werden feuer-feuerrot,
Doch es nennt ihn mir im Land
Niemand, Niemand, Niemand.

Frida Schanz

Bären-Gedichte

Ein Brombär, froh und heiter, schlich
durch einen Wald. Da traf es sich,
daß er ganz unerwartet, wie's
so kommt, auf einen Himbär stieß.

Der Himbär rief – vor Schrecken rot –:
,,Der arme Stachelbär ist tot!
Am eignen Stachel starb er eben!''
,,Ja'', sprach der Brombär, ,,das soll's geben!''
und trottete – nun nicht mehr heiter –
weiter . . .

Doch als den ,,Toten'' er nach Stunden
gesund und munter vorgefunden,
kann man wohl ohne Zweifel meinen:
Hier hat der andre Bär dem einen
'nen Bären aufgebunden!

Heinz Erhardt

Kindergedicht

Honig, Milch
und Knäckebrot –
manche Kinder
sind in Not

Zucker, Ei
und Früchtequark –
macht nur manche
Kinder stark

Götterspeise,
Leibgericht –
kennen
manche Kinder nicht

Wurst und Käse,
Vollkornbrot –
manche Kinder
sind schon tot

Jürgen Spohn

Berg und Tal

Till Eulenspiegel zog einmal
mit andern über Berg und Tal.
Sooft als sie zu einem Berge kamen,
ging Till an seinem Wanderstab
den Berg ganz sacht und ganz betrübt hinab;
allein, wenn sie berganwärts stiegen,
war Eulenspiegel voll Vergnügen.
,,Warum“, fing einer an, ,,gehst du bergan so
froh?
bergunter so betrübt?“ – ,,Ich bin nun so“,
sprach Till, ,,wenn ich den Berg hinuntergehe,
so denk ich Narr schon an die Höhe,
die folgen wird, und da vergeht mir denn der
Scherz;
allein, wenn ich bergwärts gehe,
so denk ich an das Tal, das folgt, und faß ein
Herz.“

Christian Fürchtegott Gellert

Der Mensch

Empfangen und genähret
vom Weibe wunderbar,
kömmt er und sieht und höret
und nimmt des Trugs nicht wahr;
gelüstet und begehret
und bringt sein Tränlein dar;
verachtet und verehret,
hat Freude und Gefahr;
glaubt, zweifelt, wähnt und lehret,
hält nichts und alles wahr;
erbauet und zerstöret
und quält sich immerdar;
schläft, wachet, wächst und zehret,
trägt braun und graues Haar . . .
Und alles dieses währet
wenns hoch kommt, achtzig Jahr.
Dann legt er sich zu seinen Vätern nieder,
und er kömmt nimmer wieder.

Matthias Claudius

1 : 0 für die Kinder

In allem sind die Erwachsenen besser
als wir – sagen sie.
Sie essen vorbildlich
mit Gabel und Messer
und kommen nie zu spät
in die Schule oder nach Hause.
Sie raufen
und lärmen nicht in der Pause,
zerreißen auch ihre Hosen nicht
und sind sehr wichtig –
sagt ihr Gesicht.

In einem aber sind wir überlegen:
In Afrika, China, Brasilien,
Norwegen, Australien und Spanien
und Kuba und Schweden,
von Polen und Kanada
gar nicht zu reden,
sogar in Berlin und Bayern und Sachsen
sind wir um Klassen besser
im Wachsen.

Im Größerwerden,
das merkt selbst ein Blinder,
steht's 1 : 0 für uns Kinder – stimmt's?

Hans Baumann

Was hat Frau Pumpel eingekauft?

Sie geht gebückt. Sie keucht und schnauft.
Ein dicker, prall gefüllter Sack wippt auf dem
Rücken,
huckepack.
Den schleppt sie in ihr Giebelhaus und schüttelt
ihn.
Was fällt heraus?

Sechs Kilometer Hühnerklein,
zwei Schaufeln Muskatellerwein,
zehn Zentimeter Erdbeereis, ein Hektoliter
Puddingreis,
drei Flaschen Zucker, Pfeffer, Salz
und Senf in Tüten ebenfalls
und siebzehn Tropfen Räucherlachs
und dreizehn Tafeln Bohnenwachs
und zwanzig Röllchen Kräutertee
und fünfzehn Stangen Malzkaffee.
Zwei Dutzend Gläser Sahnequark,
neunzehn Schachteln Tomatenmark,
verschiedene Scheiben Erdnußöl
und hundert Tuben Weizenmehl,
vier Löffel Käse, frisch gezapft und sieben Ballen
Apfelsaft
und Vollmilch, an die dreißig Pfund
und Eier, etwa fünfzig Bund
und Blütenhonig, sechzehn Stück,
zwölf Dosen eingekochtes Glück
und Zahncreme, vierundzwanzig Paar
und acht Minuten Kaviar
und ganz am Ende, ganz am Schluß,
drei Wochen Schokoladenguß.

Das Ganze hat sie wo verstaut?
Fragt Fritzchen, der hat zugeschaut!

Verfasser unbekannt

Die sonderbare Stadt Tempone

Kennt ihr schon die Stadt Tempone,
wo Prinz Rückwärts residiert?
Es ist seltsam und erstaunlich,
was tagtäglich dort passiert!

Jeden Abend geht die Sonne
ganz genau im Norden auf,
und der Mond beginnt im Süden
und am Morgen seinen Lauf.

Nachts holt man sich dort zum Frühstück
frische Semmeln aus dem Mund,
legt sie fein auf einen Teller,
und dann gibt man sie dem Hund.

Bücher liest man dort vom Ende
bis zum Anfang mit Genuß,
und dann bringt man sie dem Händler,
der das Buch bezahlen muß.

Mit dem Auto fährt man rückwärts.
Wenn man das Benzin vergißt,
tut man recht, denn man muß tanken,
wenn die Fahrt zu Ende ist.

Bäume fallen dort vom Himmel
bei besonders starkem Wind,
und sie werden immer kleiner,
bis sie nur noch Samen sind.

Beim Gewitter springen Blitze
von der Erde in die Höh'
und bei Regen ziehn die Wolken
dicke Tropfen aus dem See.

Kinder, die geboren werden,
sind gewöhnlich siebzig Jahr,
haben schlechte, braune Zähne
und natürlich graues Haar.

Solche Kinder können rechnen,
schreiben, lesen und noch mehr,
und am Herd fällt diesen Kindern
auch das Kochen gar nicht schwer.

Doch sie werden täglich jünger:
sechzig, fünfzig, vierzig Jahr!
So verlernen sie allmählich
all ihr Können ganz und gar.

Auch ein Schulhaus soll es geben.
Das ist seltsam wie sonst keins.
Für die größten Albernheiten
kriegt ein Kind dort eine Eins.

Kürzlich sprach ich mit dem Sohne
eines alten Stadtgeschlechts.
Danach liegt die Stadt Tempone
hinterm Monde – ziemlich rechts!

James Krüss

Du Herr der Zeit

Von irgendwo und ganz ganz weit
fällt aus der großen Ewigkeit
die Zeit: Jahr, Tag, Moment.
Sie fallen, fallen ohne End'
und irgendwo sitzt irgendwer,
der teilt die Zeit und schenkt sie her:
ein wenig Schmerz, ein wenig Freud,
ein bißchen Glück, ein bißchen Leid.
Und alles bleibt nur kurze Zeit,
es fällt, vergeht wie ohne Sinn
ins Irgendwo für immer hin.
Es fällt der Tag, es fällt die Stund'
in einen tiefen, tiefen Grund,
den Abgrund der Vergangenheit.
Und wir, wir wissen nicht Bescheid,
wir wissen nicht, wieso, warum,
wir merken nur, die Zeit ist um
und hoffen, daß ER einmal dann,
von dem die Zeit kam, irgendwann
am Ende unsrer Lebenszeit
uns auffängt in die Ewigkeit.

Helmut Zöpfl

Advent

Holt den Sohn vom Bahnhof ab.
Er kommt.
Man weiß nicht genau, mit welchem Zug,
aber die Ankunft
ist gemeldet.
Es wäre gut, wenn jemand
dort auf und ab ginge.
Sonst verpassen wir ihn.
Denn er kommt
gewiß.

Rudolf Otto Wiemer

Das Gewitter

Hinter dem Schloßberg kroch es herauf:
Wolken – Wolken!
Wie graue Mäuse,
ein ganzes Gewusel.
Zuhauf jagten die Wolken gegen die Stadt.
Und wurden groß
und glichen Riesen
und Elefanten
und dicken, finsteren Ungeheuern,
wie sie noch niemand gesehen hat.
Gleich geht es los!
sagten im Kaufhaus Dronten
drei Tanten
und rannten heim, so schnell sie konnten.
Da fuhr ein Blitz
mit hellichtem Schein,
zickzack,
blitzschnell
in einen Alleebaum hinein.
Und ein Donner schmetterte hinterdrein,
als würden dreißig Drachen
auf Kommando lachen,
um die Welt zu erschrecken.
Alle Katzen in der Stadt
verkrochen sich
in die allerhintersten Stubenecken.
Doch jetzt ging ein Platzregen nieder!
Die Stadt war überall
nur noch ein einziger Wasserfall.
Wildbäche waren die Gassen.
Plötzlich war alles vorüber.
Die Sonne kam wieder
und blickte vergnügt
auf die Dächer, die nassen.

Josef Guggenmos

Briefwechsel zwischen Erna . . .   . . . und der Maus

Sehr geehrtes Nagetier!
An meinem neuen Briefpapier
fehlt seit heute früh, o Schreck,
oben rechts ein großes Eck.
Ach, es war so schön und teuer,
und jetzt ist es reif fürs Feuer.
Ich habe zwar, muß ich gestehen,
den Übeltäter nicht gesehen
(nachts sind meine Augen zu),
doch ich vermute, das warst – du,
Mein Briefpapier brauch ich zum Schreiben,
drum laß solche Scherze bleiben!!!

Wofür sehr verbunden ist
      Deine
              Erna Apfelkist

Geschätztes Fräulein Schülerin!
Du meinst, daß ich's gewesen bin?
Da muß ich rufen voll Respekt:
Sag, wie hast du's nur entdeckt?
Denn du hast, das sag ich offen,
den Nagel auf den Kopf getroffen.
Ja, ich war so frech und frei,
von mir stammt die Nagerei.
Ich nagte am Papier voll Kummer,
denn ich hatte schrecklich Hunger.
Hätt ich was Besseres besessen,
hätt ich lieber dies gefressen.
Drum leg in Zukunft Speck daneben,
dann laß ich alles andre leben.
Zehn Gramm Speck für jede Nacht.
Einverstanden? Abgemacht.

Und im voraus besten Dank!
      Pipsi Maus,
        wohnhaft unterm Schrank

                Josef Guggenmos

Alle Kinder dieser Welt

Schlaft, ihr Kinder dieser Erde,
jedem eine gute Nacht.
Träumt, daß alles besser werde,
besser über Nacht.
Träumt, es flögen alle Sorgen
einfach fort mit einem Schlag.
Träumt, es wär der neue Morgen,
für die Welt ein neuer Tag.
Morgen soll es Frieden geben.
Morgen soll kein Krieg mehr sein.
Morgen soll das neue Leben
wärmen wie der Sonnenschein.
Morgen sollt ihr nicht mehr zanken.
Morgen sollt ihr glücklich sein.
Morgen reißen wir die Schranken
zwischen Mensch und Menschen ein.
Schlaft, ihr Kinder dieser Erde,
Mondlicht streichelt euer Haar.
Träumt, daß alles besser werde,
manchmal werden Träume wahr.
Schlaft, ihr Kinder dieser Erde,
jedem eine gute Nacht.
Träumt, daß alles besser werde,
besser über Nacht,
besser über Nacht.

James Krüss/Udo Jürgens

Das große, kecke Zeitungsblatt

Heut flatterte durch unsre Stadt
ein großes, keckes Zeitungsblatt,
mir selber ist's begegnet.

Herab die Straße im Galopp
kam es gelaufen, hopp, hopp, hopp.
Es hüpfte, hopste, tanzte.

Allmählich wurd es müd, es kroch,
es schlurfte nur, es schlich nur noch.
Und legte still sich nieder.

Da lag's, wie eine Flunder platt.
Dann aber tat das Zeitungsblatt
ganz plötzlich einen Sprung.

Stieg steil empor in kühnem Flug,
wobei es ein paar Saltos schlug,
und landete dann wieder.

Da saß es nun und duckte sich.
Jetzt krieg ich dich! – Doch es entwich
mit tausend Purzelbäumen.

Josef Guggenmos

INHALT

Quellenverzeichnis

Andres, Stefan: Morgengebet für Kinder; aus: Die Stadt der Kinder, Georg Bitter Verlag, Recklinghausen, S. 81

Anglund, Joan Walsh: Ein Freund ist jemand, der dich gern hat; Walter Verlag, Olten/Freiburg, S. 62

Baumann, Hans: 1 : 0 für die Kinder, S. 137
– Im Lande verkehrt, S. 16
– Kinderhände, S. 51

Behr, Inge: Das kleine Wort, S. 59

Bergengruen, Werner: Rausche, rausche, Regen, S. 45

Blumenau, F. A.: Des Jahres Kreis, S. 83

Bollinger, Max: Was man nicht zählen kann, S. 123
– Weißt du warum?, S. 130
– Was du teilen kannst, S. 65
– Kennst du sie auch?, S. 56
– Eine Blume, eine Wolke, ein Gebet, S. 75
– Was du nicht sehen kannst, S. 77
– Worüber wir staunen, S. 43
  aus: Weißt du warum wir lachen und weinen?, Verlag Ernst Kaufmann, Lahr;
– Was uns die Angst nimmt; aus: Steinwade/Ruprecht; Vorlesebuch Religion, Verlag Ernst Kaufmann, Lahr

Borchers, Elisabeth: Das ist die Erde, S. 77
– November, S. 108

Borchert, Wolfgang: Abendlied; aus: Das Gesamtwerk, Rowohlt Verlag, Reinbek, S. 72

Brecht, Bertolt: Der Rauch, S. 33
– Die Vögel warten im Winter vor dem Fenster, S. 110
  aus: Gesammelte Werke, Suhrkamp Verlag, Frankfurt

Brender, Irmela: Umgekehrter Lebenslauf; aus: Ja-Buch für Kinder, Julius Beltz Verlag, Weinheim/Basel, S. 10/11

Britting, Georg: Goldene Welt, S. 101
– Fröhlicher Regen; aus: Gedichte 1919–1939, Nymphenburger Verlagshandlung, München, S. 39
– Hinterm Zaun; Julius Beltz Verlag, Weinheim/Basel, S. 89

Bull, Bruno Horst: Die Stadt Rom, S. 36

Busch, Wilhelm: Die Affen, S. 29
– Fink und Frosch, S. 32

Carroll, Lewis: Dunkel war's; Dr. Riederer Verlag, Stuttgart, S. 22

Carossa, Hans: Was einer ist, S. 132

Chamisso, Adelbert von: Das Riesenspielzeug, S. 21

Claudius, Matthias: Abendlied, S. 73
– An einem Mai-Morgen, S. 93
– Der Mensch, S. 137
– Seht ihr den Mond dort stehen?, S. 123
– Täglich zu singen, S. 43

Eichendorff, Joseph Freiherr von: Morgengebet, S. 67
– Spruch, S. 42
– Wünschelrute, S. 43

Ende, Michael: Ein Schnurps grübelt, S. 7

– Schnurpsenzoologie, S. 30/31
  aus: Das Schnurpsenbuch, K. Thienemann Verlag, Stuttgart;
– Die Geschichte vom Wunsch aller Wünsche; aus: Die Stadt der Kinder, Georg Bitter Verlag, Recklinghausen, S. 126/127
– Zeit-Rätsel; aus: Momo, K. Thienemann Verlag, Stuttgart, S. 131

Erhardt, Heinz: Bären-Gedichte; aus: Schnick, schnack, Schabernack; Stalling Verlag, Oldenburg, S. 136

Ferra-Mikura, Vera: Was meinst du dazu ;aus: Die Stadt der Kinder; Georg Bitter Verlag, Recklinghausen, S. 121

Fontane, Theodor: Herr von Ribbeck auf Ribbeck zu Havelland, S. 56

Freudenberg, Alwin: Vom Riesen Timpetu; aus: Kreuz und quer durchs Kinderland; Alex Köhler Verlag, S. 17

Gellert, Christian, Fürchtegott: Berg und Tal, S. 137

Gerhardt, Paul: Sommergesang; Union Verlag, Stuttgart, S. 100

Goepfert, Günther: Es weihnachtet, S. 111

Goehte, Johann Wolfgang von: Die Frösche, S. 108
– Ein Gleiches, S. 133
– Zum Sehen geboren, S. 45

Grashoff, Fritz: Weihnacht, S. 117

Grün, Anastasius: Zwei Heimgekehrte, S. 42

Guggenmos, Josef: Aus Glas, S. 50
– Die Tulpe, S. 93
– Mein Haus, S. 35
– Neujahrsnacht, S. 86
– Wenn mein Vater mit mir geht, S. 58
– Wieviel wiegt ein Fink?, S. 31
  aus: Das kunterbunte Kinderbuch, Herder Verlag, Freiburg
– Ich weiß einen Stern; aus: Mutzeputz, Österreichischer Bundesverlag, Wien, S. 33
– Der Brief, S. 59
– Sieben kleine Bären, S. 25
  aus: Die Stadt der Kinder; Georg Bitter Verlag, Recklinghausen
– Briefwechsel zwischen Erna . . . und der Maus, S. 142
– Das Gewitter, S. 141
– Das große, kecke Zeitungsblatt, S. 144
– Ein Elefant marschiert durchs Land, S. 26

Hacks, Peter: Die Blätter an meinem Kalender, S. 85

Hagelstange, Rudolf: Sommerliches Gebet; aus: Strom der Zeit, Insel Verlag, Frankfurt, S. 94

Hebbel, Friedrich: Herbstbild, S. 103

Hesse, Hermann: Allein; aus: Gesammelte Schriften, Suhrkamp Verlag, Frankfurt, S. 122

Hoffmann-Herreros, Johann: Ölsardinen; aus: Deine Hand,